JN192075

保育・幼児教育 5領域の内容と指導法

柴田賢一・森みゆき編著
Shibata Kenichi　　Mori Miyuki

子どもの表現は，いつでも，どこでも始まる。
これを「落書き」と片付けてしまうのは，あまりに惜しい。

学文社

音や音楽で遊ぶ

● 身の回りの音を合奏曲に取り入れて，発表会で演奏

ホースならし，風船ならし，ガーガー紙コップ等を取り入れた合奏曲を演奏。《サーカス》は，既製の楽器だけでなく，身の回りの物から発する音や手作り楽器も登場する合奏曲。
（《サーカス》は 110 ページに楽譜掲載，ガーガー紙コップは 118 ページ参照。）

これから風船ならしをするんだ。
今日もいい音を出したいなぁ。

僕たちの鳴らすガーガー紙コップ，
おもしろい音が出るんだよ。

● **リズムで遊ぼう！**

リズム遊び《サンドイッチを作ろう》の手作り教材。素材はフェルト（104 ページ）

● **音で遊ぼう！**

身の回りのさまざまなものから出る音を楽しむ子どもたち（108 ページ）

音楽と造形のコラボレーション

簡単にできる手作り楽器。造形表現を加えて，さらに魅力的な楽器に（115 ページ）

子どもの絵の表現の深まり

子どもの絵は，さまざまな感動体験，心ゆくまで遊びこんだ経験，認め合い，協力し合う仲間やモデルがいることで表現が深まっていきます（第８章　造形表現の内容と指導法Ⅱ　２.（２）保育現場で行われている造形活動から「表現」を考える　80 ページ参照）。

「つくりたい基地の絵を描く」（11 月）

親子で秋の自然に親しむ園行事（園庭で自然物を使った基地づくり）を前に描いた子どもたちの絵。

左／竹馬と滑り台のできる基地（H ちゃん）

右／二階建てのおうち（J ちゃん）

「親子で秋の自然に親しむ園行事」（11 月）

親子で力を合わせた基地づくりの経験を子どもたちは喜んだ。そして出来上がった基地の中で友だちと思いを伝え合い，さまざまな世界に見立てて心ゆくまで遊びこむ経験が続いた。

「こんな家があったらいいな」（12 月）

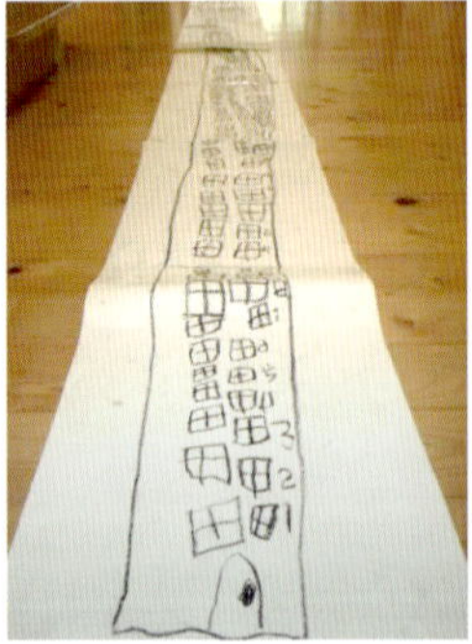

十分遊びこんだ経験の後に描いた絵は，保育者の想像を超える豊かな表現で満ちあふれていた。

左／恐竜の家（上記 H ちゃん）

右／ 100 階建ての家（上記 J ちゃん）

下段左／すべり台の家

下段中／スターの家

下段右／お菓子の家

はじめに
――変化の時代の保育・幼児教育――

2017年以降，保育・幼児教育をめぐる動きは表面的にも内容的にも，そして制度的にも一段と大きくなっている。具体的にそれらは，保育現場にとっては「保育所保育指針」「幼稚園教育要領」「幼保連携型認定こども園教育・保育要領」(以下，指針・要領等とする）といういわゆる三法令の改訂（定）という形で現れ，保育者養成に関して言えば，幼稚園教員養成課程における教育職員免許法及び同法施行規則の改訂に伴う教職課程の再課程認定，保育士養成においては「指定保育士養成施設の指定及び運営に関する基準」の改定とそれによる科目の再編，そしてすなわちそれらに伴う養成教育におけるカリキュラムの抜本的な見直しが行われている。さらにそれらに加えて2019年10月からは，保育・幼児教育の無償化という大きな保育制度が変更される。

そのような保育・幼児教育が大きく変わる時代において，本書はこれから保育者になろうとする教員養成課程・保育士養成課程に在籍する学生と現職保育者を主な対象として，またその他にも保育現場を中心に，地域や家庭において保育に携わろうとする多くの人々を対象として編まれたものである。

周知の通り，2018年4月に施行された新たな指針・要領においては，3歳以上の保育内容5領域（健康・人間関係・環境・言葉・表現）が共通化され，新たに乳児の保育内容，1歳以上3歳未満児の保育内容が追加された。また育みたい資質・能力としてのいわゆる「3つの柱」や，幼児期の終わりまでに育ってほしい「10の姿」が記述されるなど，生まれてから就学前までの子どもの育ち，そして小学校への接続が重視された内容となっている。そのような変化を踏まえて編まれた本書の目的は，大幅な変更が行われた指針・要領等について，その内容を解説するとともに，その保育内容を実践につなげるさまざまな方法を示すことにある。そこには実践するうえでのさまざまな留意点やヒント，アドバイスがふんだんに盛り込まれており，本書はまさに「実践向け」のテキストとして保育者養成や現職保育者の研修において用いることができるものである。その位置づけは，保育内容総論ではメインテキストとして使いうるであろうし，保育内容の各領域の授業においては，必携の副読本として存在を示しうる。むしろ本書の特性からすると，各領域のサブテキストとして実践のヒントと留意点を参照していただくという位置づけが適当であるかもしれないと考えている。

各章は幼稚園教員養成および保育士養成を行っている現職大学教員が執筆を担当し，各担当者の個性あふれる内容となっている。上記したように，それぞれに実践を進めるうえでの具体的な方法論が述べられているが，同時に各領域に関する保育を実践していくうえで欠かすことのできない「哲学」を読者は読み取ることができると思われる。また各領域は章ごとに分けられて構成されているが，すべての執筆者が「養護と教育の一体性」や「各領域が分断されることなく混じり合っているもの」「子どもを中心とした活動の意義」「環境の重要性」「遊びを通しての保育」といった保育の基本概念を共有し，子どもが生き，子どもが育つための豊かな世界を創りたいという共通の思いのもとで執筆したものである。

また本書には保育について学ぶ学生が授業内で討論したり，現職の保育者が研修などにおいてディスカッションする場面を想定して，各章末に演習課題を設定している。学習者が授業や研修において自ら考えたことをアクティブに表現し，語り合う機会の重要性はもはや説明の必要はないだろう。本書は保育について語り合い，学び合う，その叩き台としての役割を喜んで引き受ける。本書の執筆者たちは，正しいとされる情報を効率的に伝えることのみを目的とはしていない。それよりはむしろ本書に書かれたことが素材として吟味され，議論され，乗り越えられていくことを望むだろう。そうして保育者や保育を学ぶ学生の糧となれば，本望である。

とはいえ同時に，それは本書が全体的に粗削りであるということも意味している。それは編集作業においては，あえて各執筆者の個性を生かすことを最優先とし，「まとまった」テキストであることを意図的に放棄していることにもよる。しかしそれによって読者となる保育者に，また保育者を目指す学生に，その粗く生々しい実践を，この本の各章において感じてもらうことができれば幸いであると考えている。あたかも，子どもが生の素材（それは泥や，里山の木々の切れ端や初めて見る昆虫たちのような）に初めて触れ，荒々しく，生々しく，生きている実感が伴う新鮮な感動を得るかのように。

2018年9月

編者を代表して　柴田　賢一

目　次

第1章

保育の原理と保育内容総論

1．保育とは何か

保育とは何か。教育学においてしばしば「教育」とは何かが問われながらも，その定義が困難であるように，「保育」という言葉についてもその定義には困難が伴う。「保育所保育指針」において，保育とは「養護と教育が一体となって展開される」ものであると定義され，「保育」はその内に「教育」を含みつつ，学校教育法の第1条に定めのある学校であり「幼稚園教育要領」において保育内容等が定められる幼稚園は，学校教育法においてまた，「保育」を行うことを目的とする（第22条）と定められている。

外国語との関係においてもその定義はまた容易ではない。OECD（経済協力開発機構）では近年特に保育・幼児教育への関心の高まりがみられ，*Starting Strong*（人生を力強くスタートという意味にでもなろうか）はここ毎年発刊され，幼児期において認知スキルだけではなく社会情動的スキルを身につけることの重要性が唱えられている。そしてそこでは「保育」という言葉はEarly Childhood Education and Care（ECEC）と表現され（ユニセフ・ユネスコではEarly Childhood Care and Education, ECCEとされる），その言葉はある程度，日本の保育を捉えているものの，Educationが「教育」でCareが「養護」としても，どこまでがEducationで，どこまでがCareなのか，日本の「保育」においては「一体」であるとされる[(1)]この2つの言葉を使い分けることには困難が伴う[(2)]。

さてその説明になるとは到底思えないが，別の角度から「保育」を検討してみよう。例えば寺崎弘昭と周禅鴻は「教育」という言葉についてその古層に立ち戻り，語の成り立ちからその意味について詳らかにしようとしている（寺崎・周，2006）。ここではそれに倣い，まずは「保」という言葉についてみてみよう。

図1-1に示すように，「保」の古字（金文）では，人が子どもを背負うかのような字形がみられる。そして子どもの下にみられる横線に見える図形は，子どもを包む「襁（むつき）」（おくる

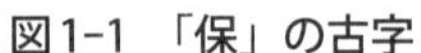

図1-1 「保」の古字

図1-2 「育」の古字

み）を表すのだとされる（白川，2003，p.575）。さらにこの子どもの上に「王」を模った図形が描かれることがあるが，それは「王」ではなく「玉」すなわち「魂」を表し，子どもに魂を授けるものであると説明される（白川，同上）。すなわち「保」とは生まれた子どもに魂を授け，大事に包み，人が守る様子であることがわかる。

また「育」について言えば，すでに周らによっても説明された通り，子どもが逆さまになって表され（出産時に頭から出てくる様子であるとされる），母なる肉体を表す肉月とともに描かれる。さらに「毓」という字体では，出産時の子ども，迸る羊水，呪術的要素をもつ簪，さらに乳首が強調される「母」が表され，生まれてくる子どもを守り，授乳して育てようとするさまをそこに読み取ることができる（寺崎・周，2006，pp. 14-22）。

先にも述べたように，これらの説明によって現代の「保育」が説明されるものではないが，ひとまずは「保育」とは「生まれてきた**子どもを大切にし**，**守り育てる営み**である」ということを保育者はその心に常にとどめて，保育という営みを行うものであることを再確認しておいても良いのではないだろうか。保育は，ここに始まる。

2．保育の基本と保育の構造

さて「保育」の心を胸に，保育者は実際の保育をどのように構想し，組み立てていくのだろうか。2018年4月から施行された「保育所保育指針」においては，改定前の指針で用いられていた「保育課程」という言葉は姿を消し，「指導計画」という言葉を用いて保育の計画について述べられている。

その指導計画において常に重視されるのが「ねらい」であり，「ねらいのない保育は保育ではない」と言われることがある。しかしながらその「ねらい」でさえ，無前提に出てくるものではない。現実の保育は，目の前にいる子どもに対して行われるものであり，「理想の子ども像」を追いかけて実践の計画が立てられるものではない。ゆえに「ねらい」において何をねらう，のかは常に目の前にいる「子どもの理解」から生まれる[3]。

図1-3　保育のプロセス（イメージ）

いま目の前にいる子どもはどんな姿だろうか。何に興味をもち，何を楽しみとし，何を恐れ，何を心に思い描き，何を表現しようとしているのか。また何ができ，何に挑戦しようとし，何に手を出そうとしないのか。そのようなことの1つひとつを，一人ひとりの子どもについて理解していく。一人ひとりの子どもの姿を捉えつつ，集団としての子ども，その集団の中での一人ひとりの子どもの姿もまた捉え直していく。その姿をもとに，保育者は経験してほしいこと，育ってほしい「ちから」，何かを経験した後の満足げな表情や，さらに何かに挑戦したり興味を持ったりしている子どもの姿を思い描くことだろう。そこから「ねらい」が生まれる。指針・要領等には新たに，そして共通のものとして「3つの柱（「知識及び技能の基礎」「思考力，判断力，表現力等の基礎」「学びに向かう力，人間性等）」と「幼児期の終わりまでに育ってほしい10の姿（健康な心と体／自立心／協同性／道徳性・規範意識の芽生え／社会生活との関わり／思考力の芽生え／自然との関わり・生命尊重／数量や図形，標識や文字などへの関心・感覚／言葉による伝え合い／豊かな感性と表現）」が記載されている。そこに書かれていることと，自らが思い描いた「ねらい」を保育者は重ね合わせてみてほしい。その時に，自らのいまの時間を満足させつつ，学びや育ちに向かう子どもたちの姿がみえてくるに違いない。

図1-4は，いくつかの保育に関する参考文献をもとにした保育を構想する手順のイメージ図である。なかでも安達らによる『子どもに至る』（2016年）においては，その書名からわかる通り，子どもの理解を最重要視し，そこから保育をスタートさせることの重要性が強調されている。子どもを理解することで「ねらい」が生まれ，その「ねらい」に応じて「何をするか」が決まり，「何をするか」が決まれば，それに必要な環境構成が工夫される。

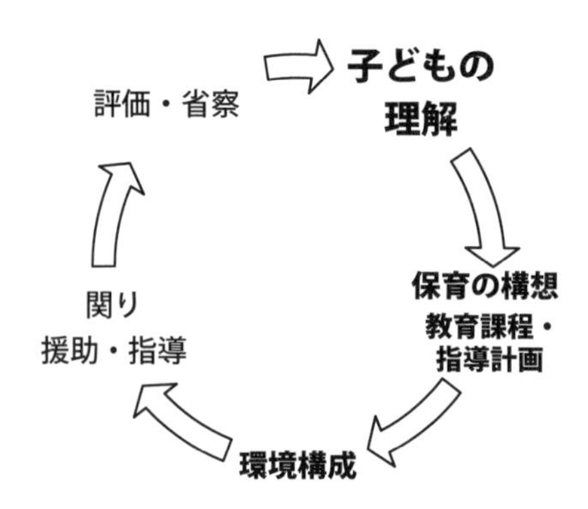

図1-4　保育の構想手順

出所：安達他（2016）p.23，柴崎（2015）p.15を参考に作成。

そして活動が始まれば「ねらい」と眼前でリアルに動く子どもたちに応じて「関り」や「援助」「指導」が行われ，活動後の評価・省察によって新たな子どもの理解が生まれ，次の保育へとつながる。この基本原理のもと，それぞれの領域の内容を踏まえた保育が構想されていくのである。

3．保育内容の歴史と保育内容

日本における保育内容の歴史は，時代の要請と保育に対する理解の進展を受けつつ，改訂（定）が重ねられてきた。最初期の東京女子師範学校附属幼稚園における保育内容では「自由遊び」が重視されず「課業」中心の内容であったが，次第に「自由遊び」の重要性が認識され，倉橋惣三においては「生活」との関連にも重きが置かれた。

そして戦後は1948（昭和23）年に「保育要領」が定められると，その後1956（昭和31）年には「幼稚園教育要領」が，1965（昭和40）年からは「保育所保育指針」が通知・施行され，2014（平成26）年にはさらに「幼保連携型認定こども園教育・保育要領」が告示されるに至った。

直近の改訂（改定）は周知のとおり2017年3月告示（2018年4月に施行）のものであるが，ここに至ってようやく3歳以上児の保育内容の共通化が明確なものとなった。さらに最新の「幼保連携型認定こども園教育・保育要領」および「保育所保育指針」においては，誕生から就学前までの学びが強く意識されるようになり，「乳児期の園児の保育に関するねらい及び内容」（「幼保連携型認定こども園教育・保育要領」），「満1歳以上満3歳未満の園児の保育に関するねらい及び内容」（同）が記載されるに至った。1989（平成元）年以来5領域で構成されていた保育内容であるが，乳児に関するねらい及び内容については，(1) 身体的発達に関する視点「健やかに伸び伸びと育つ」，(2) 社会的発達に関する視点「身近な人と気

表1-1　戦後保育内容の歴史

<table>
<tr><th colspan="4">保育要領</th></tr>
<tr><td colspan="4">1. 見学，2. リズム，3. 休息，4. 自由遊び，5. 音楽，6. お話，7. 絵画，8. 製作，9. 自然観察，10. ごっこ遊び，劇遊び，人形芝居，11. 健康保育，12. 年中行事（保育12項目）</td></tr>
<tr><th colspan="2">幼稚園教育要領</th><th colspan="2">保育所保育指針</th></tr>
<tr><td>1956年
（昭和31年）</td><td>（教育内容の領域の区分）
健康，社会，自然，言語，
音楽リズム，絵画制作</td><td></td><td>〔未制定〕</td></tr>
<tr><td>1964年
（昭和39年）
改訂</td><td>（教育内容の領域の区分）
健康，社会，自然，言語，
音楽リズム，絵画制作</td><td>1965年
（昭和40年）
制定</td><td>（望ましい主な活動）
1歳3か月未満：生活，遊び
1歳3か月から2歳まで：生活，遊び
2歳：健康，社会，遊び
3歳：健康，社会，言語，遊び
4・5・6歳：健康，社会，言語，自然，音楽，造形</td></tr>
<tr><td>1989年
（平成元年）
改訂</td><td>（教育内容の領域の区分）
健康，人間関係，環境，
言葉，表現</td><td>1990年
（平成2年）
改訂</td><td>〔内容〕年齢区分3歳児から6歳児まで
基礎的事項：健康，人間関係，環境，言葉，表現</td></tr>
<tr><td>1998年
（平成10年）
改訂</td><td>（教育内容の領域の区分）
健康，人間関係，環境，
言葉，表現</td><td>1999年
（平成11年）
改訂</td><td>〔内容〕年齢区分3歳児から6歳児まで
基礎的事項：健康，人間関係，環境，言葉，表現</td></tr>
<tr><td>2008年
（平成20年）
改訂</td><td>（教育内容の領域の区分）
健康，人間関係，環境，
言葉，表現</td><td>2008年
（平成20年）
改訂</td><td>（保育の内容）
養護：生命の保持，情緒の安定
教育：健康，人間関係，環境，言葉，表現</td></tr>
<tr><td>2017年
（平成29年）
改訂</td><td colspan="3">乳児（1）身体的発達に関する視点「健やかに伸び伸びと育つ」
（2）社会的発達に関する視点「身近な人と気持ちが通じ合う」
（3）精神的発達に関する視点「身近なものと関わり感性が育つ」
満1歳以上満3歳未満児
健康，人間関係，環境，言葉，表現
満3歳以上児　※満3歳以上児については，各要領・指針で共通の内容。
健康，人間関係，環境，言葉，表現</td></tr>
</table>

出所：文部科学省（2018），厚生労働省（2018），内閣府・文部科学省・厚生労働省（2018），柴崎（2015），p.30を参考に作成。

持ちが通じ合う」，(3) 精神的発達に関する視点「身近なものと関わり感性が育つ」の3点に集約された。

これまで保育の構想においては「子どもの理解」に始まり，「ねらい」が重要であることについて述べ，保育の内容を示すものとしての指針・要領等の歴史を振り返った。だが実際に保育を作り上げていくときには，さらに多くのことを理解し，指導計画に組み込んでいく必要がある。**図1-5**は，それらを図式化したものである。

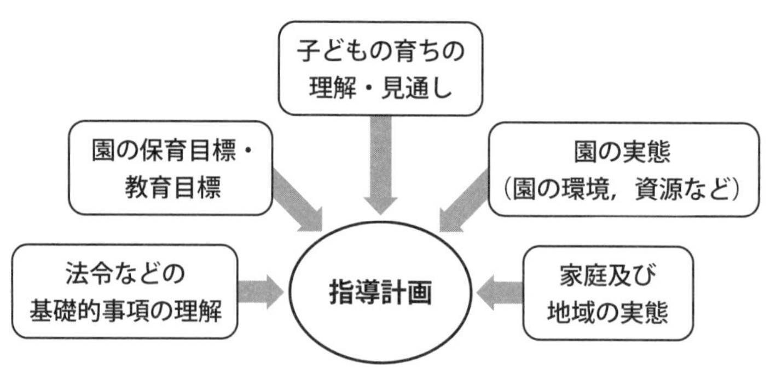

図1-5　保育内容の決定要素

ここにおいて「法令などの基礎的事項の理解」は憲法（例えば26条）に始まり，教育基本法や学校教育法，児童福祉法等に定められた幼児教育・保育に関する内容，および指針・要領等が含まれる。また意外に実際の保育では意識されていないが，「園の目標」も当然のように根底に置かれなければならない。さらにこれまで述べてきた「子どもの理解」がある。そして実際に園や保育者の置かれている状況を無視した保育を行うことはできず「園の実態」も重要となる。例えば都会の中心にある園で，自然環境に触れるためにはかなりの努力と工夫が求められるだろう。そして「家庭や地域の実態」も無視できない。泥んこ遊びが子どもに与える好ましい影響は計り知れないが，一方で，例えば勤め帰りの保護者が泥にまみれたわが子の服を見てため息をつく姿も想像できる。保育者がやりたい保育，子どもにとって好ましいと思われる保育を追求することは言うまでもなく重要なことだが，それだけではなく，このようなジレンマを乗り越える準備や工夫が指導計画には求められる。

4．記録と乳幼児（子ども）の理解

子どもを理解することから保育を始めることの重要性は繰り返し述べたところだが，では具体的にどのようにして子どもを理解していくことができるのだろうか。保育・教育においてその対象となる子どもの理解は，重要であると同時に困難さが伴う。特に言葉を獲得して間もない幼児については，発話の内容から子どもを理解することには限りがあり，まして意味のある言葉を獲得していない乳児においては，それは一層困難である。それゆえに保育記録を丁寧にとり（保育実践が優先されるゆえに限りはあるが），それを評価・分析することが必要となる。さまざまな場面や目的に応じた記録の方法を用い，子どもの所作や視線，表情，発話などあらゆる情報から子どもを理解していくことが求められる。

そして記録を評価し，分析を進めていくために園内研修や園での会議を行うとよいだろう。まず子どもや子どもの集団を，複数の視点から分析することで，より客観的に子どもたちを分析することができる。一人の保育者だけでは気づきに限界があるとしても，他者の視点からの分析は，それまで気づかなかった子どもたちの別の面に気づかせてくれることがある。加えて，子どもについて語り合うことでチームとして保育にあたる保育者たちに共通理解と協働性が生まれるだろう。そして共通理解と協働性があり，同僚の保育を，その哲学も含めて理解することができれば，信頼関係が生まれ保育者にとって働きやすい園となる。そのような保育現場は，主役である子どもたちにとっても好ましい環境となるに違いない[(4)]。そうして，保育は展開されていく。

5．おわりに

本章では保育の原理に始まり，保育を進めるうえで基本となる保育の構造や，保育内容などについて述べてきた。本書ではそれらの基本の上に，以後の章で具体的な各領域の保育内容とその指導法についてのさまざまなアイディアが展開される。本章の内容と関連付けながら，保育を構想するヒントとして欲しい。

新しい指針・要領等が施行され，新しい養成課程が始まるこの時代ではあるが，あくまで保育において主役となるのは子どもたちである。幼児教育・保育の最終的な目的は「子どもたちがこれからの人生に，たとえ根拠がなくとも自信をもって臨めるようにすること」と「この世界は十分生きていくに値する世界だ，となんとなく，でいいから子どもたちが感じられるようにすること」ではないかと筆者は考えている。「根拠」はこれからの学びの世界で見つければいい。イリイチは『脱学校の社会』において，予防的に制度を整える社会を，希望を侵害する「プロメテウス的」なものとして批判した。せめて乳幼児期の間は，先回りして制度に順応しようとするのではなく，経験の中で学び，希望に満ちた「エピメテウス的人間」であることを許されてもいいのではないだろうか[(5)]。幼い時代に，十分に遊び，おいしい食べ物を食べ，あたたかい人の気持ちにふれて，心をいっぱい満たしてから，ゆっくりと世界の扉を開けてほしい。

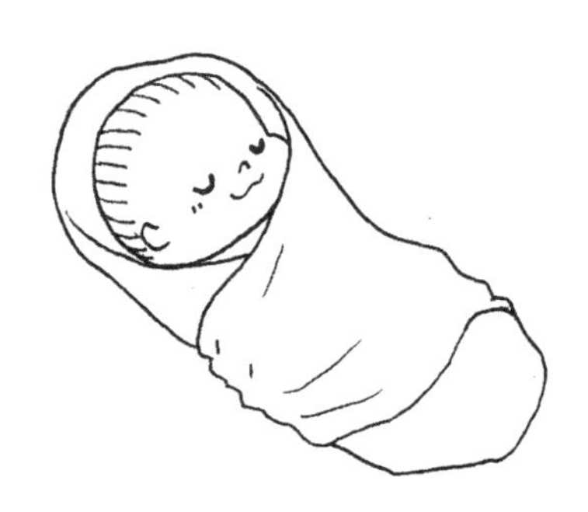

演習課題

1. 子どもを理解する基本となる保育記録にはどのようなものがあるか調べてみよう。また実際に保育現場を観察し，作成してみよう。
2. 1で作成した記録をもとに，グループで特定の子どもについて意見を出し合い，子どもの理解に努めてみよう。「子どもを肯定的にみる視点」を忘れずに！
3. 作成した指導計画案を分析し，5領域，育みたい資質・能力（3つの柱），幼児期の終わりまでに育ってほしい姿（10の姿）がどのように組み込まれているか検討してみよう。

注

(1) Educationの歴史を振り返るとき，知育や躾を想像してeducationを「教育」とすることは躊躇われる。それがnurseとしても語られる「保育」という言葉の一部であるとするなら尚更である。
(2) 詳細に統計を取ったわけではないが，社会福祉系の研究者が論文等で用いる「保育」はケアワークと表現されることが多いように思われる。社会福祉系の研究では半ば常識的に扱われている用語かもしれないが，保育＝ケアワークとするこの用法においては，「養護と教育の一体」性はどのように説明されるのだろうか。
(3) 幼稚園実習，保育実習において，実習生はしばしば「何をするか」ということにとらわれてその前提となる「子どもの理解」と，そこから生まれる「ねらい」を忘れてしまうことがある。現実の子どもの理解なくして保育実践はないことを特に意識して，指導計画の立案に臨んでほしい。
(4) 本書で引用・参照した『子どもに至る』にはそのような研修のヒントも多く含まれている。
(5) プロメテウス，エピメテウスとも古代ギリシア神話に出てくる神の名前であり，プロメテウスとは「先に考えるもの」，エピメテウスとは「後で考えるもの」を意味すると言われている。

引用・参考文献

・安達譲・安達かえで・岡健・平林祥『子どもに至る』ひとなる書房，2016年
・イリイチ，I. 著，東洋・小澤周三訳『脱学校の社会』東京創元社，1977年
・寺崎弘昭・周禅鴻『教育の古層』かわさき市民アカデミー出版部，2006年
・宍戸健夫『日本における保育カリキュラム—歴史と課題』新読書社，2017年
・柴崎正行編著『保育内容の基礎と演習』わかば社，2015年
・白川静『字通』平凡社，1996年
・白水浩信「教育・福祉・統治性—能力言説から養生へ」『教育学研究』第78巻第2号，2011年
・内閣府・文部科学省・厚生労働省『幼保連携型認定こども園教育・保育要領解説』フレーベル館，2018年
・文部科学省『幼稚園教育要領解説』フレーベル館，2018年
・厚生労働省『保育所保育指針解説』フレーベル館，2018年

第2章
健康の内容と指導法

1. はじめに

健康の定義といえばWHO（世界保健機関）が規定している「肉体的，精神的及び社会福祉の状態であり，単に疾病又は病弱が存在しないことではない」が思い出されるだろう。このような定義がされている健康という言葉は「幼稚園教育要領」にも存在する。その「幼稚園教育要領」は2017年3月に「保育所保育指針」「幼保連携型認定こども園教育・保育要領」とともに改訂された。管轄省庁が異なる文書が幼児教育の質的向上という名のもとに，その意義を認め同時改訂されたのである。6領域編成から現行の5領域編成に変わって以降，幼児教育は一層のオリジナリティーを追求してきた[(1)]。その努力が報われたひとつの表れかもしれない。また，1964年に「幼稚園教育要領」が告示されてからも「健康」領域は一貫して記述されてきた。そこでは，幼児教育において重要な役割を担う「遊び」を中心に「生活習慣」「安全」「食育」「衣服の着脱」が書かれている。そこで，本章では幼児教育において「健康」が担ってきた役割について検討し，その指導法について深めたい。

2. 幼稚園教育要領にみる健康領域の変遷

「健康」領域を理解するためには現行の「幼稚園教育要領」が，どのような事柄を積み重ねて存在しているかについて知る必要がある。つまり，現在の「幼稚園教育要領」や「保育所保育指針」「幼保連携型認定こども園教育・保育要領」を検討することだけでは「健康」領域を理解することができない。そのため，上記の文書に書かれているものが示す意味を十分に汲み取り，理解するには過去に遡って検討する必要がある。そこで，本節では3つの中で最も早く告示された「幼稚園教育要領」の「健康」の変遷について概観する。具体的な対象は1964年，1989年，1998年，2008年，2017年の「幼稚園教育要領」（以下，要領と略す）である。

(1) 1964年要領

1964年の要領は告示された文書である。したがって，従来の文書とは異なり，その中身には法的拘束力がある。そのため，この要領には幼児教育の基準という意味がある。「健康」領域は「1. 健康な生活に必要な習慣や態度を身につける」「2. いろいろな運動に興味をもち，進んで行なうようになる」「3. 安全な生活に必要な習慣や態度を身につける」の3つに分類されている。「遊び」は「1. 健康な生活に必要な習慣や態度を身につける」に「(7) 適切な服装で遊びや仕事をする」「(8) なるべく戸外で遊ぶ」と記述されている。「2. いろいろな運動に興味をもち，進んで行なうようになる」には「(1)　いろいろな方法で，歩く，走る，とぶなどの運動をして遊ぶ」「(2) いろいろな方法で，投げる，押す，引く，あるいはころがるなどの運動をして遊ぶ」「(3) かけっこ，とびっこ，ならびっこなどをして遊ぶ」「(4) 鬼遊びなど集団的な遊びをする」「(5) すべり台，ぶらんこなどで遊ぶ」「(6) ボール，綱，箱車などを使って遊ぶ」「(9) だれとでも仲よくし，きまりを守って遊ぶ」が記述されている。また，「3. 安全な生活に必要な習慣や態度を身につける」には「(3) 危険なものに近寄ったり，危険な場所で遊んだりしない」が記述されている。このように1964年の要領は具体的な記述が中心となる。同様に「衣服の着脱」「生活習慣」「清潔」「安全」についても具体的に記述がされている。

(2) 1989年要領

次に1989年の要領について概観する。この改訂では従来の6領域編成から「健康」「人間関係」「環境」「言葉」「表現」の5領域編成へと転換された。「健康」は従来の「望ましいねらい」を「ねらい」と「内容」の2つに変更して記述されている。「遊び」については「(2) いろいろな遊びの中で十分に体を動かす」「(3) 進んで戸外で遊ぶ」「(9) 危険な場所，危険な遊び方，災害時などの行動の仕方が分かり，安全に気を付けて行動する」ことが「内容」に記述されている。このように単純な記述の量だけを切り取ってみると「遊び」に関する記述が減少し，その重要度が下がっているようにみえる。しかし，前回とは異なり，大綱化された記述に変更されている点にこの要領の特徴がある[(2)]。つまり，それぞれの幼稚園教諭や幼稚園に子どもをどのように保育するのかということが委ねられた。したがって，このように大綱化した「内容」は，保育者により専門性を求めていると考えられる。

(3) 1998年要領

そして，1998年に改訂された要領では従前の「上記の取扱いに当たっては，次の事項に留意する必要がある」に記述されていた中身が「内容の取扱い」として示され，明確に内容との関わりが示された。さらに，「(2) 様々な遊びの中で，幼児が興味や関心，能力に応じて全身を使って活動することにより，体を動かす楽しさを味わい，安全についての構えを身に付け，自分の体を大切にしようとする気持ちが育つようにすること」「(3) 自然の中で伸び伸びと体を動かして遊ぶことにより，体の諸機能の発達が促されることに留意し，幼児の興味や関心が戸外にも向くようにすること。その際，幼児の動線に配慮した園庭や遊具の配置などを工夫すること」が新たに記述され，「遊び」に関わる文章が追加されている。とはいえ，「ねらい」や「内容」には大きな変更はみられない。このように「内容」は変えず，その「内容」と間接的な関係にある「内容の取扱い」を強調することで，具体性を取り戻そうとする動きがみられる。

(4) 2008年要領

肥満や食生活の乱れなどが問題視されるようになり，2005年に食育基本法が成立した。その中で子どもの食事についても再考する機運が高まった。2008年要領改訂では「内容」に「(5) 先生や友達と食べることを楽しむ」ことが新たに記述された。加えて，「(1) 心と体の健康は，相互に密接な関連があるものであることを踏まえ，幼児が教師や他の幼児との温かい触れ合いの中で自己の存在感や充実感を味わうことなどを基盤として，しなやかな心と体の発達を促すこと。特に，十分に体を動かす気持ちよさを体験し，自ら体を動かそうとする意欲が育つようにすること」というように，体を動かす気持ちよさの体験とその意欲の喚起について新たに記述された。さらに，「内容」に食育に関する記述があることから，「(4) 健康な心と体を育てるためには食育を通じた望ましい食習慣の形成が大切であることを踏まえ，幼児の食生活の実情に配慮し，和やかな雰囲気の中で教師や他の幼児と食べる喜びや楽しさを味わったり，様々な食べ物への興味や関心をもったりするなどし，進んで食べようとする気持ちが育つようにすること」も新たに記述されている。「(5) 基本的な生活習慣の形成に当たっては，家庭での生活経験に配慮し，幼児の自立心を育て，幼児が他の幼児とかかわりながら主体的な活動を展開する中で，生活に必要な習慣を身に付けるようにすること」にも「家庭での生活経験に配慮し」という文言が記述された。この改訂では食育に関する記述が増えた。それゆえ，「健康」領域において食事の指導の必要性が明確になったといえる。

(5) 2017年要領

2008年から9年後の2017年に「幼稚園教育要領」が改訂された。この改訂では，3法令[(3)]が同時に改訂されただけではなく，幼児期における教育の質の向上が求められていることを示している。つまり，3歳児以上の「ねらい」と「内容」が統一されたのである。その中で2017年の改訂には，次の箇所が新たに記述された。まず，「ねらい」に示されている「(3) 健康，安全な生活に必要な習慣や態度を身に付け，見通しをもって行動する」ことには，新たに見通しを持って行動することが記述された。さらに，2008年に改訂された要領において新たに加筆された食育に関する「内容」にも「(5) 先生や友達と食べることを楽しみ，食べ物への興味や関心をもつ」というように，食べ物への興味や関心について記述された。さらに，「内容の取扱い」についても「(2) 様々な遊びの中で，幼児が興味や関心，能力に応じて全身を使って活動することにより，体を動かす楽しさを味わい，安全についての構えを身に付け，自分の体を大切にしようとする気持ちが育つようにすること。その際，多様な動きを経験する中で，体の動きを調整するようにすること」に多様な動きを経験し，体の動きを調整する能力を育むことが示された。加えて，「(4) 健康な心と体を育てるためには食育を通じた望ましい食習慣の形成が大切であることを踏まえ，幼児の食生活の実情に配慮し，和やかな雰囲気の中で教師や他の幼児と食べる喜びや楽しさを味わったり，様々な食べ物への興味や関心をもったりするなどし，食の大切さに気付き，進んで食べようとする気持ちが育つようにすること」と，食の大切さへの気づきについて加筆されている。そして，「(5) 基本的な生活習慣の形成に当たっては，家庭での生活経験に配慮し，幼児の自立心を育て，幼児が他の幼児と関わりながら主体的な活動を展開する中で，生活に必要な習慣を身に付け，次第に見通しをもって行動できるようにすること」では，見通しをもって行動できる能力を育むことが示された。さらに，安全については「(6) 安全に関する指導に当たっては，情緒の安定を図り，遊びを通して安全についての構えを身に付け，危険な場所や事物などが分かり，安全についての理解を深めるようにすること。また，交通安全の習慣を身に付けるようにするとともに，避難訓練などを通して，災害などの緊急時に適切な行動がとれるようにすること」が新たに記述された。

(6) 要領が示すもの

このように各改訂の「健康」領域について概観してきた結果，次のような特徴があると考えられた。ひとつは「内容」に記述されている中身が1989年の改訂以後，大綱化が進んだこと，もうひとつは1998年の改訂以降，徐々に内容の取扱いに関する文章が増加していることである。第1に「内容」の大綱化は，子どもの発達に応じた環境構成の重視が見て取れる。具体的に「内容」を示すことには，それに応じた施設設備を準備する必要があるが，「内容」を大綱化することによって，その園の特色を打ち出した保育を可能とする。告示されたということは，一般的な意味において，その「内容」に法的拘束力があることを示す。その「内容」を具体化することは，それに応じた環境の構成が必要となる。より踏み込んでいえば，「内容」に記述されていることをすべて画一的に実践することは，保育の多様性を失わせる，言い換えれば，子どもの実態が多様である限り，その方法は多様にありうるのである。このように「内容」を大綱化することで，ある程度の自由をもたらすことは多様な保育を容認することに繋がる。しかしながら，大綱化することにより保育の維持が問題視される。それゆえ，ある程度の制限をかけることが必要となり，取扱いに関する記述が増えていくことは当然の成り行きといえよう。このような変遷を容認することができるのは幼児教育に関わる保育者の質が向上していることも影響を与えているだろう。

3．3法令同時改訂が示す道筋

さて，先に「幼稚園教育要領」の変遷についてみてきたが，ここからは3法令同時改訂が持つ意味について検討していく。言い換えれば，初めて3歳児以上の教育における共通性を見出し，10の姿という幼児教育が目指す方向を示した3法令同時改訂が示す道筋について検討する。無藤隆は『3法令改訂（定）の要点とこれからの保育』（2017）の中で本改訂が持つ意味を次のように述べる。1つ目は「3歳以上の子どもについての『幼児教育の共通化』」であり，2つ目は「子ども・子育て支援新制度での『幼児教育の「質」の方向性』」であり，3つ目は「小学校から見たときの『幼児教育で育つ力の明確化』」である（無藤，2017, p.22）。これらが意味するのは3歳以上の子どもに共通の教育を実施するという意図である。そして，それは3歳以上の子どもにはどの施設に通っていようとも等しく教育を受けられる仕組みを明確に示した。したがって，幼児教育における3法令同時改訂が見据えるのは幼児教育の質的保証であるといえよう。

では具体的にどのようにして質を保証するのであろうか。先に見てきたように，「内容」が次第に大綱化され，その教育の向かう先は各園に委ねられていくこととなった。そのため，質的保証が如何にして可能となるのかという疑問が残る。このような問いに対し，本改訂では「10の姿」というある種の方向を提示することで解決を図ろうとしたと思われる。その中でも，直接的に「健康」領域に関わりを見いだせる「健康な心と体」には「幼稚園生活の中で充実感や満足感を持って自分のやりたいことに向かって心と体を十分に働かせながら取り組み，見通しを持って自ら健康で安全な生活を作り出していけるようになる」とされる。他にも「健康」領域が「遊び」を中心的に記述しているという面からみれば，「10の姿」のほとんどに影響を与える存在ともなる。このように，3法令同時改訂の行く末には今後，ますます「健康」領域に記述されている「内容」が重要になってくることが予想される。

4．幼児教育における「健康」領域の位置づけ

「健康」領域に記述されている「内容」が重要な意味をもってくることをみてきたが，その「健康」領域が幼児教育において，どのような位置づけにあるかをここで検討しておきたい。幼児教育における位置づけを検討することは，その領域が担っていることを明確にすることである。このような検討をすることなく子どもと向き合っても，その実態を把握することや成長する未来図を描くことは困難である。そのため，幼児教育における「健康」領域の位置づけについて検討する。幼児教育における領域は5領域ある。その中で「健康」は「心身の健康に関する」領域とされている。そもそも，領域は幼児の発達と関わってその特性に応じた設定がなされているものである。したがって「健康」は幼児教育において，主に心と身体の発達が担われる領域といえる。しかしながら，心と身体の発達というものは他の領域とも密接に関わっており，相互関係がある。つまり，5領域は一体的なものとして存在する。そのため，子どもの成長全体を見通したものとして領域を扱わざるをえない。この点を子どもに関わる大人が再認識することは，乳幼児期における身体の成長と精神の発達をより豊かなものとすることができる。より具体的にいえば，「健康」領域が「心身の健康に関する」領域であったとしても，そこに記述されているねらいや内容だけで子どもの発達を捉えるのではなく，複眼的視点から子どもの発達を捉えることを可能とする。この複眼的視点から子どもを捉えることで，いま目の前にいる子どもを「どう捉えるのか」あるいは「どう導くのか」を広い射程で捉えられ，一人ひとりの発達に応じた保育をすることが可能になるだろう。

とはいえ，幼児期における外界の認識に関しては「子どもの知覚世界や概念世界を少しずつ組み立てていくには，認識獲得の手段としての身体運動を用いなければ不可能なことは周知のことであろう」という指摘にみられるように，子どもの認識を獲得する方法として身体運動が重要な役割を担っていると考えられる（マイネル，1981，pp.281-282）。また，運動学習は「単に知識のなかにとどまらず，技能までにゆきつくもの」であり，「身体の運動というものは認識的性格をもっており，言語と結びついて情報獲得の手段にもなる」という性質も持っている（マイネル，1981，p.363）。つまり，幼児期における運動は単なる技

術の習得による身体技法の獲得に留まらず，外界を認識するために有益な機能を有する。

このように幼児期における運動が持つ意味を再認識してきたわけであるが，運動と遊びと身体の関係を改めて整理する必要があるように思われる。まず，身体はその性質ゆえに運動を内包する。具体的に言えば，身体動作を伴わずして，運動を発生させることはできない。したがって，身体は運動を内包化するといえる。その運動は遊びによって喚起される。つまり，身体の外にある遊びという非日常的世界への没入が運動と相互関係を結ぶことによって，身体を通じた環境世界への認識を可能にするのである。それゆえ，遊びが幼児教育において重視されていると考えられる。また，「健康」領域における「衣服の着脱」「生活習慣」「清潔」「安全」に関しても基本的には身体運動を伴うものである[(4)]。したがって，身体を土台とした教育観を持つことは，幼児期における運動の持つ意味や遊びの持つ意味を教育的観点から把握することを可能とする。この点に教育という論理があるのではないだろうか。このように，「健康」領域における「内容」の位置づけを検討してきたが，そこからみえてくる指導法について以下で述べる。

5．健康領域の指導法

幼児教育をめぐるさまざまな点について検討してきたが，ここからはその具体的な指導法へ接近する。ここで提案する指導法は主に2つの視点から成り立っている。それは教育課程を編成するうえで教育内容の範囲を決める「スコープ」とその内容をどのような順序で構成するかを決める「シーケンス」である。「健康」領域が主として対象とする内容は「遊び」「衣服の着脱」「生活習慣」「清潔」「食育」「安全」であることが各文書から読み取れる。これらをどのように捉え，考えることが指導法の成立に寄与するのかについて述べる。

まず，「遊び」は主として各種園に位置づけられている活動の時間で行う。「遊び」は技術を習得するものであることを念頭に置き，そこに心身の発達を組み合わせ，その教育内容の範囲をあらかじめ設定する。特に技術については「合理的な主要構成要素」を洗い出し（マイネル，1981，p.263），それを発達に応じて教育課程に対応させて配列する。つまり，投げるという動作の中で，すべての人に共通する動きを見つけ出し，それを教育内容とする。その際，気温や湿度といった季節や用具の有無なども運動するうえで考慮する必要がある。このように「遊び」を捉えることで教育内容を創りだすことができる。さらに，「幼児期運動指針」には幼児期に身につけて欲しい動きが記述されている。そこでは，「体のバランスをと

る動き」「体を移動する動き」「用具などを操作する動き」が記されている（文部科学省, 2012, p.9）。ここにあるような動きを子どもが経験，習得することも必要であろう。

「衣服の着脱」や「清潔」,「生活習慣」については教育課程全体を通じて指導されたい。換言すれば，これらは園生活の中で常に指導機会を窺う必要がある。例えば,「清潔」に関わる排泄の指導は発達の状況によって，子どもが一人でできることと，できないことがある。このような，発達にもとづく困難を子どもの実態から捉え，一人ひとりのニーズに応じた指導が必要となる。このニーズを把握することが教育内容を創り出すことである。この点を理解したうえで，一人でできる道筋を描いた長期的なシーケンスを構成することが重要と言えよう。つまり，入園から卒園までをトータルに考えたうえで，今現在に必要な援助は何かを捉えていくことが上記の項目には必要となる。

「食育」に関しては食事をすることそのものが子どもにとって学習する対象となる。子どもは食事をすることで，いろいろな味や食感を経験する。そのこと自体がすでに「食育」になるが，さらに発問をすることで，子どもの興味や関心をより引き出すことができる。園で食事を行う際に，何を食べるのか，どうして食べるのかと食事の援助をしつつ，子どもに発問することで，何気なく摂っていた食事を認識対象とすることが可能となる。特に「なぜ」を問うことで，子どもの思考が刺激され，興味や関心を抱くきっかけを作る。このような発問を準備することも「食育」の教育内容といえる。その際，季節に応じて食材が変化することなど，発問する内容を変化させ，食に関する知識を子どもたちで共有することも必要となる。

「安全」の指導は発達と関わる。言葉を概念化する能力が十分に発達していない子どもに対し，言葉で示されているハザードマップを手渡すことは効果的な指導とならない。それゆえ，子どもと一緒にマップを作成するなど，共に活動することが必要となる。その際に注意しなければならないことは子どもと大人の見えている世界の違いである。身長が1メートルに満たない子どもと大人では視野の違いがあるため，大人が考えている危険が子どもには見えない可能性がある。そのため，保育者は子どもにとって危険な場所を可視化することが求められるだろう。

6．おわりに

以上のように，健康領域における指導法について検討してきたが，多くの保育者が理解しているように，子どもの実態は多様である。それゆえ，予め準備していたこととは違う方向へと活動が変化することや，子どもが意図した通りに動いてくれないなどさまざまな困難がある。しかし，現場では保育という観点から子どもの発達を援助している。教育と養護という言葉を明確に区分することなく存在してきたのが保育であるならば，そのあり方を基に指導法を模索することが，今後よりよい指導を見出すために必須の観点となるだろう。

演習課題

1. 「健康」領域の変遷が示す意味について考えてみよう。
2. 子どもが運動することの意味について考えてみよう。
3. 健康領域の指導法について考えてみよう。

注

(1) 『幼稚園教育百年史』によると1964年「幼稚園教育要領」は前回の1956年のものよりも「2. 幼稚園教育の独自性を一層明確にした」とされている（文部省，1979，p.416）。このように国家の教育を司る機関である文部省（現：文部科学省）が幼稚園教育の独自性を明確にすることは，単なる学校教育の下請けではないことを示している。つまり，幼児教育そのものが独自性を持ち，それを追求することができるようになったと考えられる。この点をオリジナリティーの追求として本章では表現している。

(2) 清水（2017）は，「1989年以降の記述は大綱化した」とし，1989年以降の「目標やねらいには変わりがない」と記述している（p.94）。

(3) 無藤（2017）は「幼稚園教育要領」「保育所保育指針」「幼保連携型認定こども園教育・保育要領」を3法令と呼び，2017年改訂は「3法令が同時に改訂（定）されるのは，今回が初めてです」としている（無藤，2017，p.8）。本章においても無藤の論と同様に3つの文書の改訂を3法令同時改訂として記述したい。

(4) もちろん，概念化する能力を前提とした「内容」も含んでいるが，ここでは基本的なものを対象とするため概ね身体運動を伴うと考える。

引用・参考文献

・厚生労働省「保育所保育指針」2017年
・清水将之「幼稚園教育要領における領域『健康』の変遷―保育要領と幼稚園教育要領を俯瞰して」『淑徳大学短期大学部研究紀要』第56号，2017年，pp.81-97
・マイネル，K. 著，金子明友訳『スポーツ運動学』大修館書店，1981年
・無藤隆『3法令の改訂（定）の要点とこれからの保育』チャイルド本社，2017年
・文部省『幼稚園教育百年史』文部省，1979年
・文部省「幼稚園教育要領」（文部省告示第69号），1964年
・文部省「幼稚園教育要領」（文部省告示第23号），1989年
・文部省「幼稚園教育要領」（文部省告示第174号），1998年
・文部科学省「幼稚園教育要領」（文部科学省告示第26号），2008年
・文部科学省「幼稚園教育要領」2017年
・文部科学省・幼児期運動指針策定委員会「幼児期運動指針ガイドブック―毎日，楽しく体を動かすために」文部科学省，2012年（http://www.mext.go.jp/a_menu/sports/undousisin/1319772.htm：2018年6月22日閲覧）

コラム1

乳児保育と保育内容

1. 保護者とともに歩む乳児保育

乳児保育は，人間形成の土台となる最も重要な時期の子どもとその保護者に関わる保育である。私たち保育者は，まだ言葉をもたない子どもたちに，そして子育て1年生の保護者にどのように関わっていけばよいのだろう。日々の保育の中で，一日として同じではない子どもの姿に，感動することもあれば困惑することもあるだろう。しかし，どのような状況においても，私たちは，「この子がこの世に生まれてきてくれた」という一人の人間の生命の重さを真摯に受け止めていきたいものである。そこには，親と子どものさまざまな困難や不安を乗り越えた人生のドラマがあるからだ。だからこそ，「生まれてくれてありがとう！」と，まずはその子の存在そのものを保護者と喜び合える保育者でありたい。不安でいっぱいの保護者にとって，わが子の育ちを感動をもって語り伝えてくれる保育者の存在は，どれだけ心強いものであろう。私たちは，専門職としての保育者であると同時に保護者とともに歩む「子育ての応援者」でありたい。

2. 安全で安心できる保育環境を

では，乳児保育においてどのようなことを大切にしていけばよいのだろう。何よりも重要なことは，子どもたちの過ごす保育室，あるいは保育全体がその子にとって安全で安心できる場であることである。「保育所保育指針」では，「養護に関する基本事項」として，「生命の保持」と「情緒の安定」をベースに保育を創造していくことが記されている。これは物理的な環境はもちろんのこと，保育者の眼差しや表情，言葉などによって醸（かも）し出される雰囲気，チームワークで取り組む保育者同士の人間関係も，子どもたちにとっては大きな影響を及ぼす環境である。子どもが不安な様子を示した時，私たちは子どもの目線になってさまざまな観点から保育環境を見直していきたいものである。また，入所間もない子どもたちの不安を安心に近づけるためには，日々の身の回りの世話や遊びを通して保育者と子どもとの信頼関係を築くことはもちろんであるが，同時に保護者が安心してわが子を託せるような関係づくりも不可欠である。例えば，朝夕の送迎時に子どもの様子を丁寧に伝え，連絡帳を育児交換日記のように子育ての喜びも苦しみも伝え合えるものにする，さらには必要に応じて家庭訪問を行い家庭の様子や保護者の本音を知るなど，子どもを真ん中に保護者と保育者が繋がり合える関係を目指していきたいものである。

3. 発達の順序性を大切に一人ひとりの育ちを保障する

「保育所保育指針」では，「乳児保育」について，「健やかに伸び伸びと育つ」（身体的発達），「身近な人と気持ちが通じ合う」（社会的発達），「身近なものと関わり感性が育つ」（精神的発達）という3つの視点があげられている。誕生後から1歳過ぎまでは，その胎内で発達してきた進化の過程を地球の重力に抗（こう）して再獲得していく時期である。しかし，今日，働く女性の労働環境は必ずしも良好ではなく，さらに厳しい生活・社会環境に置かれた母の胎内で育つ子どもたちも少なくない。そのため，妊娠・出産，誕生後から入所までの親子の様子を可能な限り把握し，前述の3つの視点から，その子の発達状況に応じた保育を計画していくことが重要である。

その時，手がかりになるのが「発達の順序性」

である。例えば，早くからお座りをさせられ，自分の体を動かす術（すべ）を知らない子どもには，もう一度上向きや腹這（はらば）いの姿勢の時期に立ち返り，おむつ交換時には上向きに寝かせて目と目を合わせて語りかけながらマッサージを行い，体の緊張をほぐしてみる。また，「どんぐりころころ」の歌を歌いながら左右に寝返る遊びを行う。さらに腹這いで「あのおもちゃをさわりたい」と，手を伸ばせばそこにおもちゃがあるという環境をつくるなど，その子が興味や関心を示し，自ら意欲的に体を動かしていけるような遊びや生活を保障していく。このように家庭環境や生活リズムも考慮に入れながら，保育の取り組みを積み重ねていくことで，一人ひとりの発達を確実なものにしていくことができるのである（林（2011）参照）。

4.「主体としての子ども」「主体としての保育者」の相互関係から創造する保育内容

誕生から1年が過ぎ，やがて自分の足で歩み出した子どもたちは，移動の自由を獲得すると同時に，「もう大人の一部ではない」と言わんばかりに，「じぶんで」「○○ちゃんの！」と自己を主張していく。これは，大人の目線から見れば「イヤイヤ」期と呼ばれる1歳半～2歳児期の子どもの姿であるが，子どもの立場からすれば心も体も自由を求めて自立へと歩み始めている姿として捉えられる。そして，仲間の存在に心地良さを感じ，友達への関わりを求めて止まないこの時期，子どもたちの中には，噛みつきや引っかきというトラブルの姿として現れることもしばしばある。保護者も保育者もともに悩みの多い時期である（神田（1997）参照）。

一筋縄ではいかなくなったこの時期，保育者は自分の実践を振り返らざるをえなくなる（省察）。それは，子どもが「今」を存分に生き生きと生きているか，心と体が解放され自由に楽しく遊び込めているか，保育者が子どもに無理な要求をしていないか，子どもたちの本当の心の叫びを聴き取ることができているかなど，保育所保育指針や保育理念・方針，クラスの保育目標を手がかりにしつつ，常に目の前にいる子どもの姿から保育を振り返ることが大切である。

子どもも私たちと同様に一個の人格をもった人間であることは，「子どもの権利条約」でも広く知られているが，保育の場でも「主体として生きる子ども」をどう支えていくかが保育者の役割のひとつであろう。その時，保育者も「主体として生きている自分自身」に問いかける必要がある。そして，「子どもの思いや願い」と「保育者の思いや願い」をどのように融合していけば，よりよい保育内容を創造できるのかを常に考え続けていきたい。時には厳しい課題を突きつけられ，一人で背負いきれないこともあるだろう。そんな時は，チームを組んで行う乳児保育の利点を活かし，互いに課題を共有しながらとことん話し合って欲しい。また，職場内外の研修や自主的な学習の場にも足を運び，多くの文献や実践報告から学ぶことは，保育の質を高める助けとなるだろう。ぜひ，子どもの現実から乳児保育を出発して欲しい。

（増淵千保美）

引用・参考文献

神田英雄『0歳から3歳－保育・子育てと発達研究をむすぶ【乳児編】』全国保育団体連絡会，1997年

林万り監修『やさしく学ぶからだの発達』全障研出版部，2011年

増淵千保美「子どもと家庭のくらしの現実から乳幼児の保育を考える～大阪府「子どもと家庭の生活実態調査」をもとに～」『次世代育成研究　児やらい幼児教育学科50周年記念誌』第14巻別冊，尚絅子育て研究センター，2018年，pp.29-46

第3章
人間関係の内容と指導法Ⅰ

1．はじめに

2017年に「幼稚園教育要領」「保育所保育指針」「幼保連携型認定こども園教育・保育要領」の3つの法令が同時に改訂された。内容の変更に伴い，乳幼児期に育みたい資質・能力として「知識・技能の基礎」「思考力・判断力・表現力等の基礎」「学びに向かう力・人間性等」の3つの柱が挙げられた。また幼児期の終わりまでに育ってほしい姿として5領域の内容を10に整理した「10の姿」が示された。この10の姿は内容が資質・能力と結びつきつつ，幼児期の終わりからその先へと発展していく様子を表すとされている（無藤・汐見・砂上，2017）。保育者は，幼児期と小学校以降の教育の円滑な接続が可能となるように日々の保育を実践することが求められる。

3つの法令の領域「人間関係」の目的は共通であり，「他の人々と親しみ，支え合って生活するために，自立心を育て，人と関わる力を養う」となっている。「幼稚園教育要領」のねらい，内容，内容の取扱いと「保育所保育指針」「幼保連携型認定こども園教育・保育要領」における3歳以上のねらい，内容，内容の取扱いは，ほぼ同じである。「保育所保育指針」「幼保連携型認定こども園教育・保育要領」においては乳児保育と1歳以上3歳未満児の保育内容の充実が図られている。

本章では3つの法令改訂を踏まえ，領域「人間関係」の内容と指導法について教職課程コアカリキュラムとそれに沿ったモデルカリキュラムの内容等を取り入れながら，新たな視点から発達段階ごとに考察していく。

2．乳児の人間関係

2017年3月31日告示の「保育所保育指針」「幼保連携型認定こども園教育・保育要領」に

おける乳児保育の「ねらい」「内容」については身体的発達に関する視点「健やかに伸び伸びと育つ」，社会的発達に関する視点「身近な人と気持ちが通じ合う」および精神的発達に関する視点「身近なものと関わり感性が育つ」としてまとめ示されている。その中で社会的発達に関する視点「身近な人と気持ちが通じ合う」の目的とねらいは以下の通りである。

受容的・応答的な関わりの下で，何かを伝えようとする意欲や身近な大人との信頼関係を育て，人と関わる力の基盤を培う。

ねらい

① 安心できる関係の下で，身近な人と共に過ごす喜びを感じる。
② 体の動きや表情，発声等により，保育士（保育教諭）等と気持ちを通わせようとする。
③ 身近な人と親しみ，関わりを深め，愛情や信頼感が芽生える。

立つことも歩くことも話すこともできない状態で生まれてきた乳児は生後3～4か月頃から喃語が出始めるようになり，生後8か月頃になると身近な保育者が名前を呼ぶとそれに喜んで応える素振りを見せるようになってくる。言葉を発することは不可能でも身近な人と共に過ごす喜びを感じ身近な大人との信頼関係が深まり愛着が形成されていく。

乳児期の関わりとしては眠りから目覚めたあとや食事のあとなど，満足しているときに1対1になって，あやし遊びなどをすると乳児は喜ぶ。保育者がやさしい声で目を見ながら，ゆっくりあやすことがポイントである。また，はじめは単純な生理的欲求がほとんどであったのが，月齢がすすむにつれ，人間関係や心理的欲求を泣き声によって表現するようになる。言葉では表現できない乳児が伝えたい欲求を保育者が理解し，適切な対応を心がけることが求められる。

【事例 1】乳児との関わり

生後7か月のＡくん。保育者は，日々話しかけたり呼びかけたりしながら関わりを続けている。最近では，名前を呼ぶとそれに応えるような素振りを見せるようになってきた。保育者の呼びかけに対して嬉しそうに「アーイ」と応えながら手を上げる姿からＡくんが保育者に対して自ら進んで関わりたいという意欲が生じ信頼関係が形成されたことがうかがえる。

「幼児期の終わりまでに育ってほしい10の姿」の1つである「言葉による伝え合い」の基礎となる事例である。言葉を獲得していない乳児でも自分の思いを伝えたいという欲求は存在する。その乳児の気持ちを保育者は受容的，応答的に関わることで受け止めていくのである。

3. 1歳以上3歳未満児の人間関係

2017年3月31日告示の「保育所保育指針」「幼保連携型認定こども園教育・保育要領」における1歳以上3歳未満児の「人間関係」におけるねらいは以下の通りである。

> 他の人々と親しみ，支え合って生活するために，自立心を育て，人と関わる力を養う。
> ねらい
> ① 保育所（幼保連携型認定こども園）での生活を楽しみ，身近な人と関わる心地よさを感じる。
> ② 周囲の子ども等への興味や関心が高まり，関わりをもとうとする。
> ③ 保育所の生活の仕方に慣れ，きまりの大切さに気付く。

1歳を過ぎると意味のある言葉を使用できるようになり一語文から二語文へと言語発達が進んでいく。立つ，歩く，走る，つかむなど運動機能も発達していく。生活リズムが安定し探索活動がさかんになってくる。自分の気持ちを言葉で相手に伝えることが困難なため，かんしゃくを起こすことがある。保護者や保育者など特定の大人が応答的に関わることにより愛着が形成され信頼関係が深まっていく。2歳になると語彙が増加し，自分の思いを言葉で表現するようになるが，まだ未熟な面もみられる。好奇心が旺盛になり探索活動も活発になっていく。狭くて小さな隅っこに入り込んだり，ちょっとした台や高いところに登ったりするような行動がみられる。遊びを通して特定の大人だけでなく，同年齢や異年齢の子どもとの関わりがみられるようになる。一緒に遊ぶために必要な言葉が不足している場合，子どもの気持ちを代弁したり足りない言葉を補うことで，一緒に遊ぶ体験を通し友達づくりをすすめていくことが保育者の役割として重要である。

【事例2】 いっぽんばし

> 1歳3か月のBちゃんは，手遊びや歌遊びを好み，「いっぽんばし」がお気に入りである。保育者が「Bちゃん，いっぽんばしで遊ぼう。おててを出して」と言うと大喜びで手を差し出す。保育者が1対1でBちゃんの顔をのぞき込みながら楽しく触れ合い，Bちゃんの身体をくすぐると身体全体で楽しさを表現する。何度も何度もやってほしい様子である。「いっぽんばし」という遊びを通して身近な保育者と関わる心地よさをBちゃんは感じながら満足そうに笑っている。

言葉による伝え合いが少しずつできるようになってくると，子どもは身近な人と積極的に関わろうとする行動がみられるようになる。お気に入りの遊びを通して保育者と関わる心地よさを子どもは感じ取っている。

4. 3歳以上児の人間関係

2017年3月31日告示の幼稚園教育要領における「人間関係」における目的とねらいは以下の通りである。なお「保育所保育指針」「幼保連携型認定こども園教育・保育要領」における「人間関係」のねらいは「幼稚園教育要領」にほぼ準じた内容であるため，ここでは省略する。

他の人々と親しみ，支え合って生活するために，自立心を育て，人と関わる力を養う。
ねらい
(1) 幼稚園生活を楽しみ，自分の力で行動することの充実感を味わう。
(2) 身近な人と親しみ，関わりを深め，工夫したり，協力したりして一緒に活動する楽しさを味わい，愛情や信頼感をもつ。
(3) 社会生活における望ましい習慣や態度を身に付ける。

3歳以上になると基本的生活習慣がある程度確立し，身の回りのことは自分でできるようになってくる。語彙数も急激に増加し，知的好奇心が高まってくる。また身近な仲間と親しみ，関係を深め道徳性や規範意識が芽生えるとともに仲間との協同的な活動に参加することを楽しむようになる。3歳以上の子どもが人と関わる力を身につけるための効果的な指導のあり方について以下の通り事例を通して考察していく。

(1) 子ども・保護者・保育者の出会い

新入園児を迎える4月は，普段以上の特別な配慮が必要である。何もかもが初めてで，どの子も大きな不安を抱えているからである。登園時に，親と離れることができず大泣きしている子どもの姿は，毎年，どこの園でも見受けられる。また親のほうも，泣きじゃくるわが子を残して帰るにはしのびなく，途方にくれて立ちつくしてしまうこともある。親も不安なのである。しかし，この時期に保育者が，子どもや親たちに対して適切な対応をすることさえできれば，不安感が安心感に変わり，喜んで登園できるようになるものである。そういった意味で入園当初の1か月間は，子どもたちが安心して園生活を送ることができるようになるための基礎固めの時期といえよう。

この時期の子どもたちへの配慮としては，それぞれの子どもが安心できる環境を整え，個々の子どもへの対応を考えることである。毎朝やさしい笑顔で迎える，名前を呼んで話しかける，一人ひとりとスキンシップをとる，一人ひとりにやさしく語りかけ，良いところはほめる，泣きながら登園してきた子どもは抱きしめるなどして気持ちを受け入れる，ここで遊んでみようと思えるようなコーナーを作るなどして，それぞれの子どもの様子を見ながら対応していく必要がある。

家庭では母親が子どもの安定基地であるといわれるが，園での安定基地は保育者である。子どもと保育者との間に信頼関係が確立してはじめて，子どもたちは園という生活の場で主体的に環境に働きかけていくことができるのである。

【事例 3】母子分離不安

入園して間もない3歳児のＣちゃんは，登園時に母親と離れるのをいやがって泣きじゃくっていた。母親から離れようとしないＣちゃんを何とか保育室へ連れて行ったものの，フェンス越しにわが子を見ていた母親に気づいて，また泣き出してしまった。初めての集団生活ということもあり，不安でいっぱいなのである。また，母親も，泣きじゃくるわが子を残して帰ることもできず，どうしていいか戸惑っている様子であった。

そこで，保育者は強引に引き離すとＣちゃんと母親の気持ちを傷つけることになるので，思いきって母親にも保育室に入ってもらうことにした。親子で一緒に遊びながら過ごすと，徐々にＣちゃんも落ち着いてきて，保育者や他の子どもとも遊ぶようになってきた。この日は午前保育だったので，最後まで母親にいてもらったが，翌日からは，母親が保育室にいる時間を少しずつ短くしていった。幼稚園生活に慣れてくるにしたがって，Ｃちゃんも保育者や友達と楽しく遊ぶようになり，1週間後には，登園時に母親と別れることができるようになった。その後は，泣きじゃくっていたことがうそのように毎日元気に活動するようになった。

入園当初によくみられる事例であるが，母親という安定基地から離れて保育者を幼稚園での安定基地と感じることができるようになれば，子どもは園生活に適応できるようになる。園という新しい環境の中で，保育者という新しい環境に早く慣れることができるよう，保育者は，それぞれの実態に応じた対応を心がけることが大切である。新しい環境に適応することで，新たな好奇心や探究心が喚起され，積極的に環境に働きかけることができるようになり，10の姿の1つである「自立心」が芽生えていくのである。

(2) 探索する場

新しい環境に慣れてくると，幼稚園（保育所，幼保連携型認定こども園）の中はどうなっているのか知りたいという好奇心が子どもに芽生えてくる。そこから探索という活動が始まる。園内にはどのような人や動物がいるのか，どのような部屋があるのか，また，どんな物や遊具があるのか等を知りたいという欲求が強くなる。しかし，年少児だけに自分たちだけの力では十分に探究することができない。そうした時，年長児の力を借りることも必要である。

【事例 4】探検ごっこ

入園して２週間後の年少児。不安でいっぱいだった子どもたちも，そろそろ落ち着き始めてきた。しかし，園の中の様子は，まだよくわかっていない。そこで，年長児に「年少さんは，まだ幼稚園に，どんなものがあるか，よく知らないみたいだよ，だれか教えてあげる子いないかな」と話してみたところ，「ぼくが（わたしが）教えてあげるよ」と多くの子どもたちが答えた。さっそく年長児が年少児を連れて，幼稚園内を探検することになった。「迷子にならないように，年長さんは年少さんと手をつないであげるんだよ」と保育者が言うと，年長児は喜んで年少児の手をとっていた。

そして，いよいよ探検開始。年少児は不安と戸惑いの表情を見せながらも，年長児に手を引かれて廊下を歩いていった。途中で立ち止まりながら年長児が「ここは○○ぐみだよ」「ここはホールだよ」などと次々に教えてくれる。その後，園庭にも出て，遊具や動植物も見て回った。使い方を説明する年長児もいて，一緒に遊んだりもした。皆，楽しそうであった。

保育室に戻ってくると，年少児は口々に「楽しかった」「また探検に行きたい」「明日もおにいちゃん，おねえちゃんたちと遊びたい」などと言っていた。次の日からは，年長児と一緒に遊びながら，遊具や動植物などとかかわる年少児の姿がみられるようになった。

子どもの知的好奇心や探究心を喚起する環境を準備するにあたっては，保育者主導ではなく，この事例のように年長児の力を借り，保育者は年長児を側面から支え，援助することも効果的である。年長児にとっては，このような活動が「おねえちゃん」「おにいちゃん」としての自覚を芽生えさせていくことにつながる。「幼児期の終わりまでに育ってほしい10の姿」をイメージしながら発達の状態を把握しスムーズな小学校生活へ移行するために，どのような経験が必要なのかを考え実践に移していくことが求められる。このような活動ひとつひとつが子どもの育ちにつながっていくのである。

(3) 同年齢・異年齢の触れ合いの場

園は，同年齢ばかりでなく，異年齢の子どもたちとも触れ合うことのできる場である。少子化で家庭において，きょうだいと触れ合う機会が少なくなった現代の子どもたちにとって異年齢の子どもたちと交流できる保育現場は貴重な触れ合いの場となっている。

【事例5】リレー

毎年恒例の縦割りグループでのリレー競技は，D幼稚園の運動会の人気種目のひとつである。練習のときから，子ども自身が主体的に取り組めるよう，できる限り保育者の指示は少なくした。例えば，年少児の場合だけは，最初から保育者のほうでグループを決めたが年中・年長児については，自分たちでグループや走る順番を決めさせた。縦割りグループでの練習では，年少児がバトンをうまく渡せなかったり，走る順番を間違えたり，列から離れたりしてトラブルの連続だったが，時間が経過するにつれて，年少児のバトンは年長児が受け取り，渡す時も年長児がバトンを次の年少児に手渡す方法を考え出すなど，スムーズになってきた。また，走る時もコースから離れてしまう年少児がいるとゴールまで手を引いて付き添ったり，バトンを受け取ることが理解できなかった子どもには年長児が年少児にバトンを手渡したりして，その場の状況に応じて，自分たちで考え，協力して行動することができるようになった。

運動会当日，子どもたちは練習の成果を十分に発揮し，リレー競技は大いに盛り上がった。保護者にも大好評であり，すべての子どもにとって楽しい運動会となった。

幼児同士が目的を共有し，考え合ったり工夫し合ったりすることが必要になる協同性を育む活動の1つである。共通の目的の実現に向けて，考えたり，工夫したり，協力したりし，子どもたちは主体的に行動する力を身につけていく。

(4) 地域に親しみをもつ

最近では，近隣の人々と交流する機会が大人も子どもも少なくなってきている。近くに住んでいても挨拶さえ交わさないことも珍しくない。しかし，子どもが地域の幼稚園や保育所に入園したことがきっかけになって，子どもを通して親同士が親しくなり，家族ぐるみのつきあいにまで発展していくことがある。そして，そこからさらに地域の人々との新たな出会いにつながっていくこともある。

地域には，異年齢の子ども，大人，高齢者などさまざまな年代の人々がおり，さまざまな職種の人々が存在する。また，さまざまな分野で優れた技能や技術を持つ人々が存在する。まさに地域は人材の宝庫なのである。さらに，地域の中には公園，スーパー，郵便局，学校，交番，病院など，さまざまな環境が身近に存在している。地域の中の，さまざまな環境に直接にかかわるという体験を通して，子どもたちに地域をなじみやすく親しみやすいものとして感じさせたい。地域は，子どもたちがさまざまな人々や物とかかわり，生活経験を広げるという育ちの環境として大切なものである。

子どもたちを園外に連れ出し，地域社会と直接触れ合う体験をさせることは，生きた社会を学ばせるうえで非常に重要である。このような園外保育を実践することにより，子どもの生活空間を広げていくことが可能になる。さらに，地域の中で目にする簡単な標識や文字，生活に関係の深い情報や施設などに対する興味・関心も高めていくことができる。

【事例6】 お店屋さんごっこ

E幼稚園では「自分からお店屋さんなどの環境にかかわろうとする」というねらいを設定し，4歳児にお店屋さんごっこを行うことを計画した。お店屋さんごっこでは，子どもたちの経験の差が大きく影響するため個人差が大きい。お店屋さんを身近に感じることができる子どももいれば，そうでない子どももいる。これでは，ねらいが達成できないと考えた保育者は，子どもたちのお店屋さんごっこに対する意欲を喚起するため，幼稚園の近くにある商店街へ子どもを連れていくことにした。事前に商店街のいくつかの店の承諾をとり，店の中や買い物客とのやり取りなどを見学させてもらった。興味を持った子どもたちは，園に戻り，売り手と買い手になりきってお店屋さんごっこを楽しんだ。

地域の身近な人と関わり触れ合う活動であり，「10の姿」の1つである「社会生活との関わり」に関連する事例である。園外保育を実施するにあたっては，園内での保育とは異なる面が多々あるので十分な事前準備が必要である。保育のねらいを達成するために保育者は事前に下調べをし，必要な場合は地域の方々との打ち合わせも行っておくとよい。また，安全面についても十分過ぎるほどの配慮が必要である。

5. 特別な配慮を必要とする子どもとの関わり

保育現場には落ち着きのない子ども，わがままな子ども，トラブルの多い子ども，発達障害の子どもなど，対応が困難であり特別な配慮を必要とするさまざまな子どもたちがいる。障害があると診断を受けた子どもばかりでなく，診断は受けていないがグレーゾーンに位置しているとみなされる子どももいる。そのような子どもは「気になる子ども」と保育者から認識され，どのような対応を行えばよいのかが課題となっている。事例7では「気になる子ども」の事例を取り上げる。

【事例 7】トラブルが多い子ども

Ｆくんは，年少のころは多動が目立つ子どもだったが，年中・年長になるにつれトラブルが多くなってきた。ちょっとしたことに腹を立て，友達を何度も叩いたり追いかけ回したりして泣かせてしまうことが増えてきた。

保育者はＦくんに「叩いてはいけないよ」と言い聞かせるが毎日同じことの繰り返し。保育者が「どうして叩くの」と聞いても答えず，すぐに走って逃げてしまう。しだいに他の子どもたちがＦくんと距離を置くようになり一緒に遊ばなくなりＦくんは孤立するようになった。

子どもの世界において，いざこざは日々起こりうるものであるが，Ｆくんのような特性をもった子どもの場合，周りの子どもたちとの関係づくり（仲間づくり）がうまくいくためにはさまざまな配慮が必要である。Ｆくんの気持ち，周りの子どもたちの気持ちに気づき，それぞれが受け止められ，自他の気持ちに向き合うように指導のあり方を考える必要がある。

堀ら（2010）によると，障害のあるなしにかかわらず，その子どもたちが幼いころから「いろいろな子どもがいて当たり前」という保育が組まれる必要があり，ともに生活しともに育ち合う経験が大切であることを示唆している。このような考え方のもと，現在ではインクルーシブ保育が叫ばれるようになってきた。インクルーシブ保育とは，「障害やその他の理由で特別なニーズを有する子どもを含むすべての乳幼児が，保育所，幼稚園等の正式なメンバーとして差別なく合理的配慮を受けて同じ施設を使い，同じ活動に参加し，共に育ち合える保育の形態」（高尾，2017）と定義される。

領域「人間関係」のねらい及び内容を踏まえて「人間関係」のねらいを達成するためには具体的な場面に即して工夫することが必要であろう。そのためには保育者は専門性を高めるために更なる努力を重ね，一日一日の保育実践を充実させることに力を注ぐことが求められるであろう。児童文化財，視覚的手がかりや情報機器等を活用しながら，自分の気持ちを伝えたり相手の話を聞き，伝え合うことにより身近な保育者や子どもたちと親しみ，関わりを深めていくことが可能となる。保育者や子どもとの関わり合いがすべての子どもを成長させていくのである。

6．子どもへの対応を考える

子どもの人間関係を育てる保育を実践するために，どのような対応を行えばよいのか，保育者としての力量を高めるためにはどのような方法が効果的なのかを保育者や保育者を目指す学生たちは常に考えている。効果的な保育実践へつなげていく方法として，ここでは事例研究，模擬保育，ロールプレイの3つを取り上げる。

(1) 事例研究

さまざまな事例を提示し，それに対する意見を書くことは自分の考えをまとめることにつながる。また他の学生の意見を聞いたり議論し合ったりすることは，自分以外のさまざまな考え方を知り，その良い点を自分の考えの中に取り入れることにつながる。そのような意味から，事例研究は効果的な指導法のひとつといえよう。森元・川上 (2010) は，保育内容を学ぶためには「領域」に対する正しい理解と，保育の実際の具体的な場面を想定することが必要であることを示唆している。保育現場における事例を授業の中で提示することにより保育現場の具体的な場面を想定することは，そこにおける子どもたちや保育者の関わりのあり方について具体的なイメージを抱く手がかりになるであろう。

(2) 模擬保育

笠原・吉川 (2016) は，授業の中に模擬保育を導入することにより，学生たちにさまざまな気づきを促すことの意義を示唆している。事前に指導案を作成する。学生は保育者役，子ども役，観察者役に分かれて指導案に沿った模擬保育を実践する。学生は保育者役，子ども役等を経験することによりそれぞれの立場や考えを理解し，現実に近い保育を学ぶことが可能となる。また観察者役は他の学生が行っている模擬保育を観察することにより客観的な視点から保育者と子どもとの関わりのあり方について気づく点があるであろう。その気づきや感じたこと，疑問に思ったこと等を模擬保育後の全体ディスカッションの中で出し合い，討論することにより，効果的な指導のあり方について理解を深め保育者としての実践的な力が身についてくる。なお指導案作成や模擬保育では，必要に応じてICTの活用を試みることもよいだろう。

(3) ロールプレイ（役割演技）

さまざまな保育場面を設定し，保育者役と子ども役を演ずる人を決め，台本なしに寸劇のようにセリフを考えながら演じる方法である。ここでは指導案を作成することなく当意即妙に対応することが求められる。領域「人間関係」の指導法としては具体的な指導場面を想定して保育を構想する方法を身につけるうえで効果的な指導法のひとつといえる。終了したら，保育者役，子ども役それぞれが自己評価し反省や改善点などを挙げる。観察者も観ていて感じたことや考えたこと等を発言し，グループでより良い対応法を考えていくのである。個人では気づかないようなさまざまな視点からの意見を取り入れながら，協同してより良い保育を構想する力を身につけることができる。

7. おわりに

本章では3つの法令改訂を踏まえ，領域「人間関係」の内容と指導法について新たな視点から発達段階ごとに考察した。本章のまとめとして教職課程コアカリキュラムとそれに沿ったモデルカリキュラムの内容を踏まえて以下の3つの演習課題を設定した。それぞれの課題について考えてみよう。

演習課題

1. 協同性を育む活動や遊びにはどのようなものがあるか。具体的な展開をイメージして保育者の立場からの援助の方法を考えてみよう。
2. いざこざは，どの発達段階でもみられるが，発達の違いを意識しながらいざこざ場面における乳幼児の言葉や行動でのやりとりを観察し記録してみよう。また取り上げた場面をロールプレイで振り返り，その時の子どもの気持ちを話し合ってみよう。
3. 幼児と小学生が相互主体的に関わり合う交流活動にはどのようなものが考えられるか。具体的な場面をイメージしながら指導案を作成してみよう。

引用・参考文献

・笠原正洋・吉川寿美「保育内容　人間関係の模擬保育実践において活動の枠組みモデルが実演者・参観者の学びに及ぼす効果」『中村学園大学発達支援センター研究紀要』第7号，2016年，pp.89-95
・厚生労働省「保育所保育指針」2017年3月告示
・田村美由紀・室井佑美『領域　人間関係ワークブック』萌文書林，2017年
・高尾淳子「わが国のインクルーシブ保育スキル標準開発の検討」『愛知教育大学幼児教育研究』第19号，2017年，pp.65-72
・谷村宏子編著『保育内容の指導法』ミネルヴァ書房，2018年
・内閣府「幼保連携型認定こども園教育・保育要領」2017年3月告示
・堀智晴・橋本好一編著『障害児保育の理論と実践―インクルーシブ保育の実現に向けて』ミネルヴァ書房，2010年
・森元眞紀子・川上道子「保育内容に関する研究（3）」『中国学園紀要』第9号，2010年，pp.53-62
・無藤隆・古賀松香編著『社会情動的スキルを育む「保育内容　人間関係」』北大路書房，2016年
・無藤隆・汐見稔幸・砂上史子『3法令ハンドブック』フレーベル館，2017年
・文部科学省「幼稚園教育要領」2017年3月告示

第4章
人間関係の内容と指導法Ⅱ

1．領域「人間関係」の「ねらい及び内容」

「幼稚園教育要領」等の第2章「ねらい及び内容」において，各領域に示されている事項は，幼稚園等の保育が何を意図して行われるかを明確に示したものである。それゆえ，保育者は子どもの生活や遊びにおける総合的な指導を行うにあたって，また保育環境を構成する際には，これらの事項を盛り込んだ保育を構想していく必要がある。

さて，領域「人間関係」では，3つの「ねらい」と13の「内容」と6つの「内容の取扱い」が示されている。「内容の取扱い」には，子どもの発達を踏まえた指導を行うにあたって留意すべき事項が書かれている。

本章では，「幼稚園教育要領」に示された「内容の取扱い」の２つ（道徳性と規範意識の芽生え）を取り上げていく。さて，「幼稚園教育要領」等において，幼稚園教育等において育みたい資質・能力として，「知識及び技能の基礎」，「思考力，判断力，表現力等の基礎」，「学びに向かう力，人間性等」が示され，特に５歳児後半にみられる具体的な姿として「幼児期の終わりまでに育ってほしい姿」が示された。この中の１つとして，「⑷ 道徳性・規範意識の芽生え　友達と様々な体験を重ねる中で，してよいことや悪いことが分かり，自分の行動を振り返ったり，友達の気持ちに共感したりし，相手の立場に立って行動するようになる。また，きまりを守る必要性がわかり，自分の気持ちを調整し，友達と折り合いを付けながら，きまりをつくったり，守ったりするようになる」と明示されている。

幼児期の終わりまでに育ってほしい姿のひとつとして示された「道徳性・規範意識の芽生え」は，幼児期の終わりになって急に育つものではない。基本的な信頼関係に始まり，幼児の生活が広がり，いろいろな人との関わりを通して，育まれていくものである。それゆえ子どもの心を感じ取りながら，それぞれの時期にふさわしい指導を積み重ねていくことが大切である。

それでは，実習での事例を通して，「道徳性・規範意識の芽生え」を育むために，子どもの発達を踏まえた適切な指導を行うことについて考えてみよう。

2．道徳性の芽生えと基本的な生活習慣の形成

> 内容の取扱い
> (4) 道徳性の芽生えを培うに当たっては，基本的な生活習慣の形成を図るとともに，幼児が他の幼児との関わりの中で他人の存在に気付き，相手を尊重する気持ちをもって行動できるようにし，また，自然や身近な動植物に親しむことなどを通して豊かな心情が育つようにすること。特に，人に対する信頼感や思いやりの気持ちは，葛藤やつまずきをも体験し，それらを乗り越えることにより次第に芽生えてくることに配慮すること。
>
> （「幼稚園教育要領」第2章「人間関係」3　内容の取扱い，以下同様，下線は筆者）

人間は社会の中でみんなと一緒に生きていく存在である。そのためには，その社会の人々が共通に持っている価値観を受け入れつつ，自分の欲求や行動を実現していくことが必要である。「道徳性が発達する」とは，他者や社会と調和しながら，自分の個性を発揮できるようになることである。

道徳性の発達のためには，1) 他者と調和的な関係を保ち，自分なりの目標をもって，人間らしくよりよく生きていこうとする気持ち，2) 自他の欲求や感情，状況を受容的・共感的に理解する力，3) 自分の欲求や行動を自分で調整しつつ，共によりよい未来をつくっていこうとする力の3つが必要であるとされている（文部科学省，2001）。

そして，道徳性の基盤・芽生えを培う時期として，幼児期は大変重要な時期であるとされている。道徳性の芽生えを培うにあたっては，保育者による働きかけ，子ども同士のやり取りが重要であることはもちろんであるが，基本的な生活習慣を形成する過程においても，道徳性の芽生えは育成される。

次の事例は，「基本的生活習慣の指導の見直し」をテーマに幼稚園実習を行った学生の実習レポートのものである（詳細は，片桐，2008）。

【事例 1】　棚の整理，明日はどんなところを観察してみようかな？（5 歳児クラス）

（1日目）今日は，棚の整理の仕方について観察をしました。男児の中に荷物を片付けないで遊びに行く子どもがいたり，棚に置いただけの子が目立ちました。
（2日目）今日は棚に片づけるところを見るだけでなく，置き方に対して声掛けをしてみました。水筒の置き方を横に倒して置いていたり，どんな置き方をしているのか知ることができました。置き方の中で，かばんや水筒のひもが出ているのに対して，幼児にどうやって自分で気づいて片付けるようになるか声掛けをする配慮が難しいと思いました。
（3日目）片付けの時に，声掛けだけでは幼児は片づけをし始めようとしないことに気づきました。保育者も一緒に参加することで，幼児は興味を持ったり，意欲的に片づけをすることが分かりました。
（4日目）今日は棚の中の荷物の置き方に注意してみました。一番多かったのが，かばんと水筒のひもが垂れ下がっているものが多く，研究保育で一番重点を置かないといけないなあと思いました。

事例1の学生は，毎日の観察点が変化していることがわかる。棚の整理の仕方ひとつとっても，子ども達の実態を見極め，どうやったら自分で気づいて，荷物の整理や片付けに取り組めるようになるのか試行錯誤する保育者としての姿がみられる。

【事例 2】　荷物の整理や手洗いの中でも，思いやりの気持ちが育って，自分でやり遂げた満足感を味わうのだな。（3 歳児クラス）

（1日目）自分の荷物の始末が終わってから，友達の（荷物の）整理を手伝ったり，落ちていた帽子を届けたりと，子ども達のちょっとした動きの中にも，思いやりの気持ちが芽生えていると感じられました。そんな思いやりの気持ちが育まれるように適切な働きかけができるように関わっていきたいと思います。
（2日目）保育者が他の幼児に「はい」って言ったら，水を止めてねと言っているのを近くで見ていた幼児が，その後水を汲みに行くときに，先程保育者が言っていた言葉を言っていたことです。保育者の言動は，子どもたちに見られ，影響もあるということを実感した場面でした。
（4日目）荷物の整理や排泄，手洗いは毎日同じことの繰り返しのようですが，その繰り返しが大切で，保育者の言葉掛けや行動も幼児の自信になっていくのだと思います。

次に，事例2の学生は，持ち物の整理，手洗いを通して，子どもたちの中に友達に対しての思いやりの気持ちが育ったり，また，自分でやり遂げたという満足感を味わっている姿を目の当たりにしたことが語られていた。

【事例 3】言葉掛けの工夫 ～自分でやろうとする気持ちを大事にしたい！～（3 歳児クラス）

（3日目）今日はなかなかお弁当を片づけずに，先に遊んでいるお友達と話をしていて，「お片づけをしてから遊びに行こうか。」「どうやってお片づけするんだったかなあ。先生に教えてください。」などと言ってみたのですが，あまり効果がなく，結局「もらっちゃおうかな」と言ってしまいました。けれど，この言葉はあまり適切でない言葉だと先生から反省会でご指導をいただいたので，もう少し自分の中で，どういう言葉掛けがあるのかを良く考えてみようと思います。

（4日目）なかなか片づけが始められない幼児に，「○○くん，じゃあ先生がお片づけするから見ててね。でも，先生に○○くんの場所を教えてくれるかな？」というと，自分のマークのついた棚に連れて行ってくれ，お礼を言うと，そのまま自分で片づけをしていました。その後は，制服を一緒に掛けに行くことになり，「制服かけよう」ではなく，「ボタンがパチンって音するかな？先生に聞かせて？」というと，制服のボタンを留め始め，音が聞こえると，すごく嬉しそうな表情を見せてくれたので，こっちまで嬉しくなりました。結局その幼児は，すべて自分で片づけをすることができ，私の言葉掛けは，ほんの少しでも伝わったかなあと思うことができて本当に嬉しかったです。幼児も片づけは「いや～」とよく言ってはいますが，言葉掛けひとつで，片づけをするようになるので，明日の最終日は，もっと考え，工夫して援助・配慮ができたらと思っています。

さらに，事例3の学生は，片付けあるいは着脱の場面で，自分で進んでやりたくなるような言葉掛けの工夫をしたことを挙げている。そして，保育者の援助・配慮の大きさを感じていた。

基本的生活習慣の育成というと，ともすれば，食事の前には手を洗うこと，お箸を使うこと，排泄がきちんとできること，制服の着脱ができることなど，単にある行動様式を繰り返して行わせることによって習慣化させようとする指導が行われがちであるが，それでは本当の意味での指導ではない。

幼児期は周りの行動を模倣しながら，自分でやろうとする気持ちが芽生えてくる時期である。保育者は，子どもが自分でやろうとする行動を温かく見守り，励ましたり，手を添えたりしながら，自分でやり遂げたという満足感を味わわせるようにして，自立心を育てることが大切である。また，この事例のように，荷物の整理や片付けや着脱の指導を通して，自分たちの生活にとって必要な行動やきまりがあることに気づかせたりすることなどにより，子ども自身に生活に必要な習慣を身につけることの大切さに気づかせ，自覚させるようにして，自律性を育てることが大切である。

基本的な生活習慣の形成を通して，自立心，自律性を育てることは，ひいてはよいことや悪いことが存在することに気づいたり，社会生活上のきまりを守ろうとする道徳性の芽生えの育成につながるのである。

3．規範意識の芽生えと遊びのルール

内容の取扱い
(5) 集団の生活を通して，幼児が人との関わりを深め，規範意識の芽生えが培われることを考慮し，幼児が教師との信頼関係に支えられて自己を発揮する中で，互いに思いを主張し，折り合いを付ける体験をし，きまりの必要性などに気付き，自分の気持ちを調整する力が育つようにすること。（下線は筆者）

子どもは，信頼している大人に言われて行動を抑制したり，大人の言動を真似したりして，やってよいことと悪いことを学んでいく。規範意識の芽生えを培うためには，保育者が「ルールを守りましょう」と話すだけで，子どもが理解しルールに従って自分で行動を律することができるようになるわけではない。むしろ，ルールを分かっていても，自分の都合が優先したり，感情に左右されてルールを守れないことも多いのではないだろうか。

次の事例4は，10月に行われた保育所実習での短期大学2年生の事例である（詳細は，片桐，2018）。

昼食後，氷鬼(1)をしようと5歳児を中心として6～7人が集まり，ルールの確認が始まる。Rちゃんが鬼にタッチされそうになった時，タイムが有りが良いか，無しが良いかを仲間に尋ねると意見が分かれてしまう。そこで実習生である保育者が仲介に入り，両者の意見を出させることにした①②。また，足の速い人だけタイムを使うというルールは，足の速さの基準が決めにくいことを気付かせた③。そして，午前中のゲーム遊びにおいてタイム有りで遊ぶと，遊びが止まってしまっていたことから，保育者はタイム無しが楽しいだろうと判断し，タイム無しで氷鬼をすることを提案する④。保育者の意見が通ってしまい，タイム無しで氷鬼が始まる。すると，足が速く，鬼であるSくんに追いかけられたKちゃんが泣き出してしまう。Sくんはタッチをしようとしたらタイムを使い，ルールを守らないKちゃんに対して怒っている。言い争いが続き，実習生がみんなで決めたルールだから守るように伝える⑤。しかし，Kちゃんに対しての口調の強さをTくんたちに指摘されてSくんまで泣き出してしまう。とうとう氷鬼は消滅してしまうのである。

【事例４】 遊びのルールを守るようになるまでに　５歳児 10 月の場面記録から

<table>
<tr><td>クラスの子ども</td><td>39人（3，4，5歳）</td><td>場面状況
時間帯</td><td>5歳児中心にこおり鬼をすることになって，タイムを有りにするか無しにするかで意見の対立が起こった場面</td></tr>
<tr><td>悩み・相談</td><td colspan="3">保育者の意見に誘導させているのではないか
対象の子ども以外への対応をどうしたら良かったか</td></tr>
</table>

子どものことば「　　　　　　」，自分のことば「　　　　　　」
保育者の働きかけ〈　　　　　　〉，保育者の内面（　　　　　）　　　一人ひとりの子どもの姿

<table>
<tr><td>保</td><td>子</td><td>園庭でこおり鬼ごっこをしようと，6～7人が集まっているところへ行き，遊びに入れてもらう。</td><td rowspan="25">Rちゃん
しっかり者。自分の意見を言ったり，まとめたりする。
Tくん，Yくん
明るい。二人は仲良し。
Kちゃん
思いどおりにいかないと怒るか泣く。しかし元気で活発な性格。
Sくん
正義感が強く，ルールもしっかり守る。足が速い。</td></tr>
<tr><td></td><td>R</td><td>「タイム有りにする？無しにする？」</td></tr>
<tr><td></td><td>全員</td><td>「有り！」「無し！」意見が分かれる。</td></tr>
<tr><td>保</td><td></td><td>「なんで有りがいいと思ったの？①」</td></tr>
<tr><td></td><td>T</td><td>「タイムあったら鬼から逃げられる」</td></tr>
<tr><td></td><td>K</td><td>「捕まらないから！」（いきいきと楽しそうに）</td></tr>
<tr><td></td><td></td><td>（えっ……（笑））</td></tr>
<tr><td>保</td><td></td><td>「じゃあ，無しの人はなんで？②」</td></tr>
<tr><td></td><td>S</td><td>「捕まりそうになったらタイム！ってしてたら，鬼はきついし，大変だもん」</td></tr>
<tr><td></td><td>Y</td><td>「無しの方がおもしろい！」</td></tr>
<tr><td>保</td><td></td><td>「そうだね，皆がタイムしたら，鬼は誰を追いかければいいんだろう」</td></tr>
<tr><td></td><td>K</td><td>「ならー，足遅い人だけタイムは？」</td></tr>
<tr><td>保</td><td></td><td>「足が遅い，速いの基準はどうするの？③」</td></tr>
<tr><td></td><td>K</td><td>「んー……」（考える顔はしているが，タイム有りがいいと思っているので，少し嫌そう）</td></tr>
<tr><td>保</td><td></td><td>「先生もタイム無しがいいと思うなー④」</td></tr>
<tr><td></td><td></td><td>結果，タイム無しで始まる。鬼は2人。</td></tr>
<tr><td></td><td></td><td>（皆楽しそうだなぁと，参加しながら見守る。）</td></tr>
<tr><td></td><td></td><td>しばらくすると，KとSがもめ始める。</td></tr>
<tr><td></td><td>K</td><td>「先生ー（泣），Sくんがー」</td></tr>
<tr><td></td><td>S</td><td>「ばら組さん（5歳）なのに泣くなよ」</td></tr>
<tr><td>保</td><td></td><td>「どうしたの？」</td></tr>
<tr><td></td><td>S</td><td>「Kちゃんが，タイム無しなのに，タッチされそうになったらタイム使う」（怒って顔が怖い）</td></tr>
</table>

	K	「だって，Sくん，私ばっかり追いかける（泣）」	
		（そりゃあ，鬼だから追いかけるに決まってる）	
		その後も言い合いをする。	
保		「でも，タイム無しって皆で決めたから，それは守らないとね⑤」	
	T	「Sくんは言い方が強い，Sくんだって泣くじゃん，5歳なのに」	
保		「そっかぁ，Sくんも優しい言い方しようね」	
		Sくんは3人くらいに責められて泣く。	
		Kちゃんもずっと泣き止まない。	
		私が2人につきっきりになっていたので，遊びが中断し，他の子どもたちは違う遊びに行ってしまった。	
記録を書いて気づいたこと	どうしても保育者が意見を言うと，子どもたちもそれが正解だと思ってしまい，保育者の意見にすべてなってしまう。保育者は最後に子どもたちの意見をまとめる役割程度で良かったのではないかと思った。KちゃんとSくんのトラブルでは，私自身の中で「Kちゃんが悪い」とどこかで思っていた部分があり，中立の立場に立てていなかった。また，Tくんの言葉に気づかされる面もあった。2人以外の対応もできていなかった。		

この場面について，授業時に意見を出し合うと，保育者の仲介がどの程度必要であったのか議論が続いた。保育者がルールを決めるのではなくタイム有りで氷鬼をした場合どうなるか考えたり，タイム有りで遊んでみて遊びが停滞してしまうことに気づかせたり，タイム有りが良かったKに対してタイム無しで良いのか確認をすべきだった，KとSで言い合いになった時に他の子も交えて話し合いができれば良かったとの意見が出てきた。

このように大勢で遊ぶようになると，遊びの中で遊びのルールの問題が出て来る。大人からみると，不公平なようにみえるが，子どもたちは理屈に合わないことが多少あっても遊ぶことが多い。この事例では実習生なりに関わったのであるが，保育者が解決策を教えても，子どもがすぐにそれを受け入れるとは限らないのである。

保育者として重要なことは，ルールを押し付けるのではなく，遊びや生活の中でルールの必要性を理解できるようにし，ルールを守ろうとする気持ちを持たせていくことである。子どもたちが試行錯誤を繰り返しながらも，前進していけるように手助けをする。大人から見て不十分に見えても，子ども自身が一歩一歩進むことを大事にしたいものである。この事例のように，遊びが消滅する後味の悪さを感じることも必要なことだと思われる。ルールを守らないと，友達と楽しく遊べないことや遊びが継続しないことを身をもって経験し，ルールの大切さに改めて気づくことになったと思われる。

4. 問われているのは保育者自身

子どもは友達との関わりを通して多くのことを学んでいる。そして，それ以上に，保育者との関わりにおいて，保育者の態度や行動などから，生活に必要な行動，道徳性や規範意識などを学んでいるものである。

保育の仕事に関わる私たち。最近の生活習慣はどうであろうか，生活リズムが乱れてはいないだろうか。掃除や洗濯，食事作りなど，家事を親任せにしたりしていないだろうか。身の回りの人にどのように接しているだろうか。

保育者の姿は子どもにとってモデルとして重要な意味をもつ。本章の事例でいえば，整理整頓，片付け，手洗い，他者の意見に耳を傾けること，意見の調整など，立ち居振る舞いや言葉の掛け方などは，子どもは保育者の言動をよく見ているものである。保育者自身の価値観や生活力，人間性が最も大きな教育力であることを自覚して，自分自身がどのように生活し，どのように人と関わっているかを常に振り返り，よりよい方向を求めていくことが大切である。

演習課題

1. グループになり，遊具の取り合いの場面を演じてみよう。遊具を取る子，取られる子，保育者の3つの役割を交代で演じてみる。すべての役割を体験し，感じたことを出し合おう。
2. 実習での子ども同士のトラブルの場面を具体的に上げて，① それぞれの子どもの思いや気持ち，② それぞれの子どもの課題や乗り越えて欲しいこと，③ 保育者がそれに対してどのように指導・援助していたか，あるいはどのような関わりが考えられるか，について考えてみよう。
3. 保育場面の映像を見て，子ども同士の関係や子どもと保育者の関係を読み取ってみよう。そして，保育者の援助配慮について，大切にしたいことを話し合ってみよう。

注

(1) 氷鬼とは，鬼にタッチされると体が氷のように固まって，動けなくなる鬼ごっこである。まず，じゃんけんなどによって，参加者を鬼と子に分け，鬼以外の子は鬼から逃げる。鬼は子を追いかけてタッチをすると，子は凍った状態，つまり動くことができなくなる。しかし，仲間にタッチされたら，氷が溶けて動けるようになる。鬼がすべての子を凍った状態にできたら，ゲーム終了となる。

引用・参考文献

・片桐（中村）真弓「生活に必要な行動を身につけさせるための指導―附属幼稚園実習レポートからの考察」『次世代育成研究　児やらい』第5巻，尚絅子育て研究センター，2008年，pp.25-29
・片桐真弓「人と関わる力を育む保育―道徳性や規範意識の芽生えと保育者の役割」『次世代育成研究　児やらい』第15巻，尚絅子育て研究センター，2018年，pp.91-101
・厚生労働省「保育所保育指針」2017年
・文部科学省「幼稚園教育要領」2017年
・文部科学省『幼稚園における道徳性の芽生えを培うための事例集』ひかりのくに，2001年

第5章 環境の内容と指導法

1．はじめに

環境とは，幼児にとって意味のある環境でなければならない。幼児がその環境を認識し，遊びや生活の中で意味を見出してかかわることで初めて環境が生きてくる。園内の環境は，何をどこに配置するかということだけでなく，保育者によって幼児が周囲の環境に意味を見出しながら遊びや生活が豊かになるよう熟考されている必要がある。このことは，自然環境を考える場合も同じことがいえる。園生活の場においてなされる保育は，保育者による意図的なねらいが不可欠であることを考えれば，ただ単に自然とかかわることだけをねらうのではなく，子どもが具体的に自然のどのような側面・要素を感じているのか，あるいは感じてほしいのか保育者が意識し，自覚的である必要がある。

本章では，特に自然環境に焦点をあて，幼児期における自然体験の意味や，幼児にとって意味のある自然環境となるための保育者の指導・援助のあり方について考えていく。

2．領域「環境」のねらいと内容

2018（平成30）年4月に施行された新しい幼稚園教育要領の領域「環境」のねらいには，以下の点が示されている。

(1) 身近な環境に親しみ，自然と触れ合う中で様々な事象に興味や関心をもつ。
(2) 身近な環境に自分から関わり，発見を楽しんだり，考えたりし，それを生活に取り入れようとする。
(3) 身近な事象を見たり，考えたり，扱ったりする中で，物の性質や数量，文字などに対する感覚を豊かにする。

その言葉からイメージされやすい自然物や動植物との触れ合い等についての要素も多いものの，領域「環境」は物質の変化や特性，文字や数，そして自分の生活に関連した施設というように身の回りのさまざまな事象等を対象としているのが特徴でもある。

また，「内容」で示されている項目をみると，以下の12項目が挙げられている。

⑴ 自然に触れて生活し，その大きさ，美しさ，不思議さなどに気付く。
⑵ 生活の中で，様々な物に触れ，その性質や仕組みに興味や関心をもつ。
⑶ 季節により自然や人間の生活に変化のあることに気付く。
⑷ 自然などの身近な事象に関心をもち，取り入れて遊ぶ。
⑸ 身近な動植物に親しみをもって接し，生命の尊さに気付き，いたわったり，大切にしたりする。
⑹ 日常生活の中で我が国や地域社会における様々な文化や伝統に親しむ。
⑺ 身近な物を大切にする。
⑻ 身近な物や遊具に興味をもってかかわり，自分なりに比べたり，関連付けたりしながら考えたり，試したりして工夫して遊ぶ。
⑼ 日常生活の中で数量や図形などに関心をもつ。
⑽ 日常生活の中で簡単な標識や文字などに関心をもつ。
⑾ 生活に関係の深い情報や施設などに興味や関心をもつ。
⑿ 幼稚園内外の行事において国旗に親しむ。

この内容を踏まえ，幼児自らが身近な環境に応答的にかかわる姿を，保育者が的確に捉える必要がある。最も重要なことは，「何にかかわっているか」ではなく，「(対象に) どのようにかかわっているか」という視点である。特に自然体験の場においては，子どもの豊かな感性や想像・創造性が発揮されると共に，好奇心・探究心が膨らむ。保育者は子どもが自然のどこに面白さを感じているのか，何を感じているのかを読み取ることを丁寧に行いたい。

3. 幼児期における自然体験の意味

(1) 幼児と自然体験

フリードリヒ・フレーベル (Frebel, F.：1782-1852) は，ドイツに世界で初めて幼稚園を創設した人物として広く知られている。フレーベルはその幼稚園を Kindergarten と名付けたが，直訳すると「子どもの庭」である。このネーミングにフレーベルの教育思想や哲学が象徴的に表現されていると言っても過言ではない。Kindergarten においてフレーベルは，子ども一人ひとりに個人所有の畑と共用の畑を用意し，そこで幼児が栽培活動を行うことを保育の内容として位置づけていた。園庭で子どもたちが植物の生長を観察する中で，子ども自らの成長発達を植物の生長と比較しながら理解し，また，自ら育てることによって生命をいたわる心を，生命の循環を理解していくのだとした（フレーベル，1981，pp.544-545）。しかしながら，栽培活動に限らず今日の子どもの自然体験が減少していることが指摘されて久しい（例えば，岡部（2015），今村（2011）など）。都市部に位置する園の保育者から近くに自然が無いと嘆く声も聞こえる。しかしフレーベルはこうも言っている。

「少年が自分で世話すべき小園庭を持つことができなければ，少なくとも箱か植木鉢に2, 3の植物を植えて，かれの所有にしてやるのがよいであろう。」（フレーベル，1964，p.146）

「ささやかな窓辺の草花や植木鉢の思慮深い世話でさえ，子どもにとって道徳的感化の一つの純粋な源泉である。自然の作用は，最も素朴な植物を通じてすら，自然の恵み豊かな影響に，早くから心と感覚を開いている人に対してはきわめて教育的である。」（フレーベル，1981，p.554）

自然というと，多くの人は深い森や広い草原といった大自然をイメージしがちである。しかし，小さな鉢の中にも自然はしっかりと息づいている。自然に触れる保育を考える中で最も大切な視点とは，豊かな自然にかかわることではなく，いかに子どもが豊かに自然とかかわるのかということである。そのためには，小さな自然に繰り返し丁寧にかかわることが鍵である。大自然でなくとも，近所の公園に四季を通して繰り返し足を運ぶ中で，樹や草花の変化に気づく。園庭やプランターに植えた植物を毎日観察することで，少しずつであるがしかし着実に成長している様子を目の当たりにする。フレーベルが言うように，些細で素朴な自然であっても，そこから子どもは生命の循環を感じ取ることができるのである。

(2) 自然の中で子どもの何が育つのか―ヨーロッパの「森のようちえん」にみる自然体験を重視した保育から

では，幼児が自然体験をする中で得られる具体的な効果や育まれる力については，どのようなものがあるのだろうか。近年，日本でも「森のようちえん」と呼ばれる自然体験を中心にした形態・運営の保育施設が徐々に注目を集めているが，海外では特に欧州を中心に実践報告や意義についての報告がなされている。

「森のようちえん」とは，今村（2011）によれば，北欧やデンマーク，ドイツが発祥とされており，「幅広く乳児から10歳ぐらいまでの子ども，とりわけ，幼児（3－6歳児）を主たる対象として，年間を通して，比較的人為が加わっていない森などの豊かな自然環境の中で行う保育の形式」であり，「包括的な幼児対象の自然体験型環境教育を指し示す用語としても用いられる」としている（今村，2011，pp.65-66）。

その中で，ドイツにおける「森のようちえん」の意義に関する調査を行ったヘフナー（Hafnar, P.）は，「森のようちえん」の卒園児と一般的な幼稚園の卒園児の育ちを比較・検討した結果，動機付け・集中力・忍耐力・社交的行動・授業中の協働において，「森のようちえん」の卒園児のほうが優位であるとの報告をしている（ヘフナー，2009）。

また，スウェーデン発祥である「森のムッレ教室[1]」を取り入れた野外保育園では，一般の保育所に通う子どもと比較した場合，(1) 足腰が強くなり，長時間にわたって歩くことができるようになる，(2) 子どもと保育士の病欠が一般的な保育園より少なく，健康的である，(3) 自然の中に出かけると，子どもたちは落ち着いて協調性が出てくる，(4) 好奇心が育まれ，質問をすることが多くなる，(5) 自然のことについてさまざまなことを学ぶようになる，(6) 自然と生き物を大切にすることの大切さを学ぶことができる，という報告がなされている（岡部，2015，p.60）。

さらに，スウェーデンにおいて日常的に自然の中で遊びを行っている保育園と，そうでない保育園の1年間の比較調査を行ったグラーンら（Grahn, P., 1997）の研究を日本に紹介した高見（2018）によれば，「遊びの創造性」「健康」「運動神経の発達」「集中力」といった面で，日常的に自然の中で遊んでいる園児の方が優れた結果を示したと報告をしている（岡部，2015，pp.70-79）。

これら種々の報告からわかるように，自然体験が減少している今日の日本の子どもたちにとっても，保育の中に意識的に自然体験を取り入れていくことが求められているのではないだろうか。

(3) 幼児期における「持続可能な開発のための教育（ESD）」

さらに，幼児期の自然体験の充実が重要視されているのは，前節で述べたような個々の幼児の育ちが期待されるからという点だけではない。いわゆる「持続可能な開発のための教育（ESD：Education for Sustainable Development）」の観点から，私たちが抱える環境，貧困，人権，平和，開発といった種々の今日的な地球規模の課題を克服していく人間の育成，つまり「持続可能な社会の担い手」の育成が求められているからでもある（国立教育政策研究所教育課程研究センター，2014，pp.4-5）。また，国立教育政策研究所教育課程研究センター（2014）では，「幼稚園における環境教育の基本的な考え方」の中で，幼児期の子どもに経験させたい内容として，(1) 自然に親しむ経験，(2) 身近な環境に興味や関心をもち，働き掛ける経験，(3) 人やものとの関わりを深め，先生や友達と共に生活することを楽しむ経験，の3つを示し，こうした経験を通して，生涯にわたる環境教育の素地を育むことを目標としている (同上，p.18)。

また，広島大学附属幼稚園 (2015) は，「持続可能な社会づくりの構成概念 (幼児版)」として，幼児期のESDの構成概念を検討・作成している (**表5-1**)。

具体的には，「0. 受容性 (受け止めている)」「1. 多様性 (いろいろある)」「2. 相互性・循環性 (つながっている)」「3. 有限性 (なくなる)」「4. 公平性 (みんな大切)」「5. 連携性 (力をあわせて)」「6. 責任性 (自分のこととして)」の7点を挙げている。そして，これらの概念を含む保育実践を考える中で，「実際の保育内容に関しても，従来の保育においてESDの内容は多く含まれていると考えられる。しかし，保育者がそのことを意識化できていないために適切なフィードバックが行えていない」ことを指摘している (広島大学附属幼稚園，2016，p.16)。これまでも現場の保育者たちは，日常の遊びや生活の至る所で，自然を取り入れた保育を実践してきた。また壁面制作や歌，絵本に自然物を取り入れたりして，季節の移り変わりを感じることができるようにしている。しかしながら，自然と触れ合うことの本質的な意義を，あるいはESDが示す概念を，明確なねらいとして自覚しながら保育内容としてカリキュラムの中に位置づけることができていただろうか。

例えば，秋になると多くの園で制作素材としてドングリが活用される。最近は，インターネットで安価に，かつ大量に購入できるようにもなっているが，何の脈絡も無く急に目の前に現れた大量のドングリは，子どもの目にはどう映るのだろう。造形表現上の素材としての視点からすれば問題ないのかもしれないが，あえてドングリを素材として選ぶ意図はどこにあるのだろうか。ここには，自然物を用いることが自然に親しむことに繋がるという保育者の考えが少なからずあるように思われる。しかしながら，生活とかけ離れたいわば「不自然な自然物」は，子どもにとってあくまで素材でしかなく，子どもはそのドングリから自然のどのような側面を感じ取ることができるのだろうか。

自然に触れる保育を考える時には，自然のどの側面や性質を子どもたちに感じ取ってほしいのかという保育者側の明確なねらいが重要である。少なくとも，そのようなねらいが明確化された実践においては，ドングリを素材として使うだけではなく，ドングリが成る木に思いを巡らせる，ひとつひとつ色や形を比べてみる，そのうちの1つを植木鉢に入れてみる，皮をはぎ割って中身を覗く，炒って食す (ドングリも種類によっては食べられる) 等といった自然の諸側面を十分に味わうための働きかけがあるはずである。保育者には，自然とのかかわりの中で得られたさまざまな気づきや驚き等を子どもたちの育ちの中に位置づけ，絶えずフィードバックしていくことが求められる。こうした保育実践の中で初めて，子どもが自然を感じ，自分の生活や遊びの中で意味のある対象として意識化された自然となるのではないだろうか。それがすなわち，自然が好き・大切だと思う気持ちと姿勢に繋がっていくのである。

表5-1　持続可能な社会づくりの構成概念（幼児版）

構成概念	幼児期における定義と例
0. 受容性 （受け止めている）	【定義】私たちを取り巻く世界は，私の存在を根底から支え，受け止めていること ・自分はみんなに大事にされ，愛されていると感じること ・身近な周りの人にかかわり，親しみをもつこと ・身の回りの自然環境にかかわり，おいしさや面白さ，不思議さなどを感じて好きになること
1. 多様性 （いろいろある）	【定義】私たちを取り巻く世界は，多種多様であり，様々な自然やいろいろな人がいること ・身の回りにはいろいろな種類の生き物や様々な人がいることを実感すること ・身の回りの自然は，味，匂い，色合い，手触りなど一つ一つが違うこと ・友達にはそれぞれ個性があったり，自分たちと違う肌の色，違う言葉を話す人がいることを体験を通して知ること
2. 相互性・循環性 （つながっている）	【定義】私たちを取り巻く世界は，私も含めて様々なものがつながっており，お互いにめぐりながら関係し合っていること ・森になっている植物を食べて美味しさを感じること ・栽培活動で種から生長して実り，最終的に食べるという食べ物の一巡を体験すること ・季節の一巡の変化を感じること ・身近な生き物が，食べたり食べられたりする関係を，直接見たり感じたりすること
3. 有限性 （なくなる）	【定義】私たちを取り巻く世界は，全てのものに限りがあり，いつかはなくなって，元にはもどらないこと ・食べつくすこと，なくなること ・飼育している動物が死んだり，植物が枯れたりすること ・死んだものは生き返らないこと
4. 公平性 （みんな大切）	【定義】よりよい生活は，一人一人がすべての人を大切にしようとすることによって成り立つこと ・自分も大切にされているように，周りにいる人のことも大切に思うこと ・友達と食べ物を分け合ったり，道具や遊び場を譲り合ったりすること ・自分だけが得をしたり，ずるいことをしたりするのは良くないということに気づくこと
5. 連携性 （力をあわせて）	【定義】よりよい生活は，みんなが力を合わせて支え合ったり，助け合ったりすることによって成り立つこと ・友達と力を合わせる経験をすること ・力を合わせると，いろいろなことができることを感じること ・友達と意見を出し合い，調節し，力を合わせることで，遊びや生活が豊かになることを経験すること
6. 責任性 （自分のこととして）	【定義】よりよい生活は，一人一人が生活する中でするべきことに気付き，それらを自分のこととしてやり遂げようとすることによって成り立つこと ・片付けなど，みんなのために，自分ができることをしようとすること ・身近な出来事に対して，自分のこととして考えること ・自分が言ったことや，やったことに対して責任をもつこと

出所：広島大学附属幼稚園『幼児教育研究紀要』第38巻，2016年，pp.11-12より引用・作成。

4. 自然体験と保育者

(1) 自然体験における保育者の役割

さて，自然に触れる保育を実践する時に，保育者が明確なねらいをもちフィードバックしていくことの重要性について述べたが，もうひとつ重要なことは，それは保育者が自然に接するモデルとしてどのような姿を子ども達へ示すのかという視点である。自然へのかかわりの中では，保育者という人的環境が，子どもの自然体験に影響を及ぼすことがしばしばある。

井上美智子(2008，pp.1-7)は近年，保育現場において若年の保育者たちには，子どもに自然の面白さを十分に伝えられる実践技量がないことを指摘しているが，その背景のひとつには，高度経済成長期以降の急激な都市化と自然環境の減少に伴い，保育者自身が幼少期に十分に自然に触れたり，自然遊びをしたりした経験が乏しいことが挙げられるだろう。

また，保育養成校学生を対象にしたアンケート調査では58.2％の学生が虫嫌いと回答したとの報告もある(栗原・野尻，2008)。特に虫に対しては男性よりも女性の方が忌避感を示す傾向にあるのだが，保育者の大多数を女性が占めることを考えれば，自然に触れる保育を考えた際には，大きな課題のひとつともいえるかもしれない。筆者の研究室に所属するゼミ生に尋ねてみても，「虫や植物の名前を知らないし，子どもにどう教えたらよいかわからない」「自分自身あまり自然体験をしたことがないので遊び方を知らない」という学生がいる。自身もよく知らないこと，あるいは苦手なことを子どもに対して伝えることに難しさを感じるのは当然であろう。もちろん保育者は，毒や危険性のある植物や生き物への対応等の基本的な情報は押さえておく必要はある。しかし，自然に触れる保育において大切なこととは，草花や昆虫の名称をどれだけ知っているか等という専門的な知識よりも，保育者自身が子どもと一緒に，不思議さ，面白さ，美しさ等に心を動かすことである。

ちなみに，虫が嫌いになる理由としては，前述したように虫を含めた自然と触れ合った機会や経験の乏しさ(女性は男性と比べて昆虫などの飼育経験が乏しく，虫の生態の面白さを実感する機会が少ない)と同時に，家庭環境(特に母親や姉妹が虫が嫌い)の影響を受け，小学校～青年期にかけて過半数が虫嫌いになる傾向があるとの報告がある(例えば，木村・野崎，2016，p.110)。ここからは子どもが自然とかかわる時，子どもにとって身近な他者の自然に対するかかわりがモデルとなり，学習していくことが推察される。そのため，まずは保育者自らが自然に対して興味・関心や好奇心をもち，自然に触れることを楽しんだり喜んだりすることが肝要である。自然に心を動かす保育者の姿そのものが子どもにとって肯定的なメッセージとなり，自然の特性や環境教育につながる概念を捉えたねらいのある保育実践につながっていくのである。

(2) 自然体験型園内研修の実践報告

筆者は，熊本県下のSこども園において現職の保育者を対象とした自然体験型の園内研修を行った。Sこども園は，クヌギやクリ林を中心に，さまざまな樹木や草花が敷地内にある自然環境が豊かな園である。そうした環境を活かし，保育の中で積極的に自然と触れる遊びや活動を取り入れてきた。しかし，同園副園長への聞き取りによれば，若い保育者の割合が増えてきたこと等により，これまで行ってきた園内の自然遊びが継承されにくくなっている現状があるという。したがって今回は，(1) 保育者が園内の自然環境を把握する，(2) 職員自らが園内の自然に触れて，面白さ，不思議さ等を感じることを目的に，保育者たちと共に研修を行った。

以下，研修の詳細ついて記述していく。

【実施日および参加者】

平成29年5月17日（水）14：00 ～ 15：40

幼児棟職員14名，保育棟職員8名　計22名

【研修内容】

① 講師（筆者）より自然体験の意義等についての説明【20分】

はじめに，筆者より自然体験の意義や幼児期における環境教育の基本的な理解について説明を行った。また，当該こども園では隣接する森を「たぬきのもり」と呼び親しんできたが，なぜたぬきのもりと呼ぶようになったのか，職員も知らないという実態があった。筆者が事前に，たぬきのもりの中を散策・調査したところ，クスサンという種類の蛾の繭が至る所に落ちているのを確認した。クスサンの幼虫や繭はタヌキの餌としても知られている。また，このクスサンはクヌギやクリの木に集まることが多く，こうした生物の生態環境からタヌキが多く生息していることから「たぬきのもり」と呼ばれるようになったと推察される。そのことについて保育者に話すと非常に納得した様子であった。

写真5-1　森の中で話を聞き合う保育者たち

② ネイチャーゲーム『天敵と獲物』【10分】

次に，アイス・ブレイキングを兼ねてネイチャーゲーム「天敵と獲物」を行った。

今回は，前述した「たぬきのもり」での生態系を踏まえ，Sこども園版「タヌキ（天敵）とクスサン（獲物）」として行った。このゲームでは実際の食物連鎖（捕食の関係性）を遊びの中で理解することができる。また，目隠しをするためお互いの足音をよく聴きながら気

配を察知することが求められる。実際にゲームを体験した保育者は「耳が研ぎ澄まされる感じがした。」と感想を述べていたが，子どもに限らず，現代人は忙しい日々を送るあまり，心の余裕がなく，身の回りの何気ない音に耳を澄ますことは少ないように思われる。

③ グループでの森の散策【40 分】

その後，4～5名ずつの5つのグループをつくり，それぞれがたぬきのもりの中で散策を行った。散策するにあたって，筆者から，①森の中で見つけた宝物（葉っぱ，石，木の実等，自分が面白いと感じたもの）を探す，②見つけた植物や虫の名前を知らなくても，自分で名前をつけてみる，③森の中で1分間目を閉じて，耳を澄ましてみる，④見つけたものは匂いを嗅いでみる，という課題を提示した。これらの課題は，自然物を「不思議がる（疑問をもつ）」こと，「よく観察する」こと，「聴覚や嗅覚等の諸感覚（五感）をよく働かせる」ことを実際に体験してもらうために設定したものである。

写真5-2　捕食シーンを観察している場面

実際に保育者たちは，森の中で，クサイチゴやヘビイチゴ（ともに野イチゴの一種）を見つけ，実際に食べることで味の違いに気づく保育者もいた（ヘビイチゴはドクイチゴと呼ばれることもあるが，実際は無毒で人体に影響はない）。また，ヨコズナサシガメ（カメムシの一種）が産まれたてのカマキリを捕食している場面を見つけ，周囲の保育者が集まり皆で観察した場面では，「初めてこんなシーンを見たけれど，何となく自然界の厳しさを感じる。」と漏らす保育者もいた。さらに，大きなルリタテハチョウの幼虫を捕まえた保育者は，その場では何の幼虫かは知らなかったため，その特徴を観察し「トゲトゲイモムシ」「シマシマツンツン幼虫」等と表現していた。研修後にインターネットで検索し，幼虫の見た目とは裏腹に綺麗な色と模様のチョウになることに驚いたと話していた。他にも，ベテラン保育者が自然遊びについて詳しく知っており，オオバコ相撲などといった昔の自然物での遊びを教え合う姿も随所に観察された。

こうした遊びの伝承は，年長者と年少者とが共に遊んでいく中で伝承されてきたものであるが，まさにこの研修の場が伝承機能を果たしていたともいえるだろう。

④グループごとの報告と振り返り【30 分】

最後に，全員で集まり森の中で見つけた宝物や遊び等についてグループで報告し合った。

保育者達からは，「自然物の名前を知らないため子どもに教えられないと思っていたが，命名するために自分がじっくり観察することで，その特徴や面白さに気付けた。」「森の中で耳を澄ますと，はじめは怖かったが，森の中でも沢山の音があることに気づいた。」「先輩保育者から自然遊びを教えてもらい，実際に子どもたちとやってみようと思う。」等といった声が出された。

本研修のねらいのように，まずは保育者自身が自然を直接体験すること，そして園内の自然環境等について情報を共有することで，保育の中でより豊かに自然と関わる子どもの姿が引き出されることにつながると考えられる。

写真5-3　グループごとの報告と振り返り

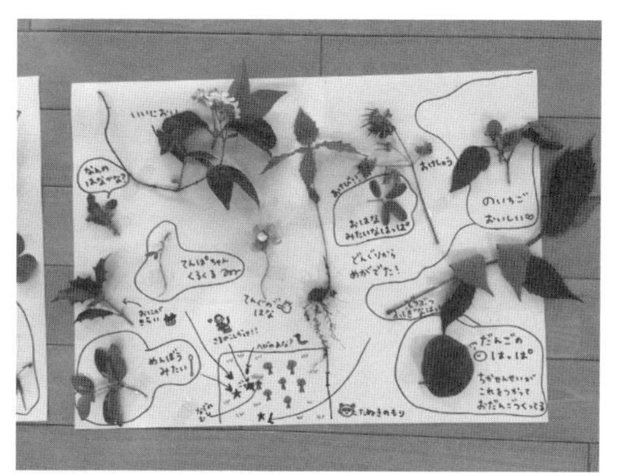

写真5-4　森で見つけた宝物など

5．おわりに

前節では，保育者を対象にした自然体験型園内研修の概要について報告した。

保育者は，子どもと一緒にありのままの自然を感じることを第一歩としながら，そこから周囲の自然環境と子どもとを段階的に出会わせていくことが求められる。そしてその中で，子どもが感じ取った自然の諸側面を，保育者によって適切にフィードバックしていくことが重要である。子どもとは本来“センス・オブ・ワンダー”（神秘さや不思議さに目をみはる感性）をもち合わせていると言ったのはレイチェル・カーソン（Carson, R.：1907-1964）であるが，保育者は，子どもが感じたありのままの自然を自分たちにとって意味あるものとして意識させ，体験的理解として育ちの中に位置づけながら，より一層豊かなかかわりとなるように援助しなければならない。

また，前節で報告した園内研修では，卵から孵化したばかりのカマキリが他の虫に捕食される場面や珍しいチョウの幼虫に出会ったが，自然を相手にする時には，多くの場合に偶然性をもっている。また次に自然と触れ合う時に同じ場面に必ず出くわすことができるとは限らない。保育者の意図しない発見や驚きもしばしば起こりうる。自然のもつ偶然性や一回性をも保育の中に取り入れ，楽しもうとする意識も大切にしたい。

自然はその美しさ，面白さや不思議，さまざまな側面をサインとして絶えず私たちに発信している。人間にはそのサインをキャッチし敏感に感じ取るアンテナが必要である。そのアンテナを立てている者だけに自然は語りかけてくる。前出のフレーベルの言葉の，「自然の作用は，最も素朴な植物を通じてすら，自然の恵み豊かな影響に，早くから心と感覚を開いている人に対してはきわめて教育的である。」とは，自然体験の意義や効果は，対面した人間側の姿勢を問うものである。そのために，まず保育者自身のセンス・オブ・ワンダーを磨くことが重要である。そして子どもの最も近くにいる保育者には，子どもを自然へと誘う案内人の役割が求められる。自然の案内人は自然を子どもに教えようとするのではなく，開かれた自然に対して，子どもと横並びで共に感じ，心を動かすことが重要であろう。

演習課題

1. 自身のこれまでの自然に触れた経験を思い出して，いつ，どこで，何を，どんな風に遊んだか書き出してみよう。
2. 保育現場ではどのような自然に親しむ遊びがなされているのか調べてみよう。
3. 子どもが自然と豊かに触れ合うために，どのような保育者の工夫や配慮，環境構成が必要なのか考えてみよう。

注

(1) 森のムッレ教室とは，スウェーデンにおいて1957年にヨスタ・フロム (Gosta Frohm)，スティーナ・ヨハンソン (Stina Johanson) らが開発した5～6歳の子どもを対象にした自然教育プログラムのこと (岡部，2015，p.16)。

引用・参考文献

・井上美智子「自然とのかかわりの観点からみた現職保育者研修の実施実態」『教育福祉研究』第35号，2008年，pp.1-7
・今村光章「森のようちえんとは何か—用語「森のようちえん」の検討と日本への紹介をめぐって」日本環境教育学会『環境教育』Vol.21-1，2011年，pp.65-66
・今村光章編『森のようちえん　自然のなかで子育てを』解放出版社，2014年
・岡部翠編『幼児のための環境教育—スウェーデンからの贈り物「森のムッレ教室」』新評論，2015年
・木村紗帆・野崎健太郎「保育者および教員養成課程の女子大学生が虫に抱く意識—虫嫌いの仕組み」『椙山女学園大学教育学部紀要』Vol.9，2016年，pp.109-119

・栗原泰子・野尻裕子「保育者養成学生の動物との関わりについて―動物への対応と幼児への援助について―」『川村学園女子大学研究紀要』第19号，2008年，pp.27-38
・国立教育政策研究所教育課程研究センター『環境教育指導資料〔幼稚園・小学校編〕』2014年
・広島大学附属幼稚園「周囲の様々な環境に好奇心や探究心をもって働きかける子どもを育む― ESD（持続可能な開発のための教育）を考える」『幼児教育研究紀要』第37巻，広島大学附属幼稚園，2015年
・広島大学附属幼稚園「持続可能な社会の担い手となるために，その基盤となる態度や資質・能力を明らかにし，「自然とのつながり」と「人とのつながり」の直接体験を通してそれらを育成する幼児期の教育課程の研究開発」『幼児教育研究紀要』第38巻，広島大学附属幼稚園，2016年
・船越美穂「幼稚園における子どもたちの庭に関する一考察―フレーベルの園庭論を中心として」『幼児教育研究紀要』第6号，福岡教育大学教育学部幼児教育研究会，2001年，pp.121-130。
・フレーベル著，小原國芳・荘司雅子監修『フレーベル全集第4巻』玉川大学出版部，1981年
・フレーベル著，荒井武訳『人間の教育（上）』岩波書店，1964年
・ヘフナー , P. 著，佐藤竺訳『ドイツの自然・森の幼稚園―就学前教育における正規の幼稚園の代替物』公人社，2009年
・文部科学省「幼稚園教育要領」2018年
・Patrik Grahn, Fredrika Mårtensson, Bodil Lindblad, Paula Nilsson, Anna Ekman, *Ute på dagis*, Stad & Land nr 145, 1997.

保育における記録の意義

1. はじめに

多忙極める保育現場にあっては，保育の記録を取ることに苦手意識を感じている保育者も少なくないだろう。そもそも記録を取るということに受け身になっている保育者は日常の保育と記録を切り離し，記録を独立した業務として捉えてしまっていることが多い。このような考え方では，記録がもつ本来の目的や意義が見失われ，記録が明日への保育に生かされていかないという問題へ発展していく。こうした問題の背景には今日の保育現場の記録に対する考え方が保育者にも一定の影響を及ぼしているということが考えられる。例えば保育所児童保育要録を例に取り上げてみると，保育園生活での子どもの育ちを次の就学先となる小学校へつなげていくといった記録の意義をもつが，保育所保育指針によって記録の作成が求められている，あるいは行政監査上，必要な記録であるといった園の考えが前面に表れてしまうことで保育者の記録に対する考えに影響を及ぼすということなどがまさにそれにあたる。

本来の記録がもつ意義や目的，そして性質が，現場保育者の頭の中にしっかり落とし込まれ，記録が明日の保育へ生かされるようにすることが何より肝要である。本コラムでは，保育内容を記録する意義や目的を中心に考えてみたい。

2. 専門職の立場からみた記録

以下の文は全国保育士会倫理綱領の一部抜粋である。

> 【全国保育士会倫理綱領[(1)]】
>
> すべての子どもは，豊かな愛情のなかで心身ともに健やかに育てられ，自ら伸びていく無限の可能性を持っています。
>
> 私たちは，子どもが現在（いま）を幸せに生活し，未来（あす）を生きる力を育てる保育の仕事に誇りと責任をもって，自らの人間性と専門性の向上に努め，一人ひとりの子どもを心から尊重し，次のことを行います。
>
> 私たちは，子どもの育ちを支えます。
>
> 私たちは，保護者の子育てを支えます。
>
> 私たちは，子どもと子育てにやさしい社会をつくります。
>
> （中略）
>
> （専門職としての責務）
>
> 8. 私たちは，研修や自己研鑽を通して，常に自らの人間性と専門性の向上に努め，専門職としての責務を果たします。

全国保育士会倫理綱領では保育士は専門職であることを明記するとともに，専門職としての責務として人間性とその専門性の向上に努めていくことが謳（うた）われている。専門職としての保育士が行う保育については，一般で言うところの単なる「子どもの面倒」や「子どものお世話」などとは意を異にする。保育者には，本来子どもが秘めている育ちへの無限の可能性を広げていくために意図やねらいをもった計画的な保育実践が求められる。また，こうした実践展開に必要となる条件が子どもの理解であり，園や保育者，保護者，地域等の保育環境の理解である。

そして保育環境の理解のために重要となるのが，子どもの様子や保育者自身が行った実践の様子等の客観的事実に加え，保育者自身の気づきを加えた保育内容の記録ということになる。例えばこうした記録技法の中ではエピソード記述が有名であるが，鯨岡峻によれば「エピソード記述の主旨（自分の心揺さぶられた体験を書くのだという主旨）をしっかり理解してから書いてみると，たいていは記録を書くことに意欲的になり，「書くことで，自分がこういう保育をしているのだということが改めて自分に見えてきて驚いた」とか，「子どもの育ちに自分の保育がこんなに責任があるのだと気づいてよかった」などと述べて，総じて保育に前向きの姿勢を示すようになります」(鯨岡，2012，p.9) とエピソード記述のメリットについて紹介している。つまり，保育者が自分の行っている保育実践の省察から積極的に課題をみつけていこうと努めたり，子どもの健やかな育ちに向けた明日の保育へつなげようとする前向きな気持ちがこのエピソード記述を活用することによって生み出されていくといった効果が期待できる。当然にしてこういう考え方で日々の保育実践に臨む保育者は自分の保育に決して満足することなく，保育者としての専門性を向上していこうと努めるであろうし，こうした姿勢こそ，倫理綱領がいうところの専門職として責務を果たすということにもつながっていく。したがって，記録は保育者自身の専門性を磨くために欠かせないツールともいえる。

3. 子どもの成長，そして保育者自身の成長のための記録

子どもが秘めている育ちの可能性を最優先に考え，子どもを中心においた保育が展開されていくためには，子どもの実態にもとづく指導計画案の作成→環境構成と活動実践→子どもの活動に沿った必要な援助→省察と評価→次の指導計画の作成→次の保育というサイクルが大切である。こうした保育のサイクルを忠実かつ誠実に行っていこうとする保育者こそ実は気をつけなければならない落とし穴がある。

保育者が指導計画を立てる段階では，その保育者なりの目で子どもの姿を捉え，保育者が考えるねらいに従って子どもに対しどのような経験を積ませたいのかなど入念に時間を割いて準備を行っていく。指導計画案に込められた思いや願いが強い保育者は，その段階で描いた子どもの姿が頭の中に強く描き出され，できる限り指導計画に沿って保育を走らせようという意識が強く働くあまり，その方向で子どもを捉えがちになってしまう。つまり実際にある子どもの姿とかけ離れた形で，保育を展開させてしまうことが度々生じるのである。こうした状況に陥ることは決してめずらしいことではないが，大切なのは自分の保育のあり方を客観的に見つめ直すこと，つまり省察から子どもの実態と経験させたい活動内容にズレが生じていないか確認することである。このズレが確認できたときに，翌日の指導計画に反映され，保育の質の向上につながるチャンスが生まれる。何より，このズレを確認するうえで重要な作業が記録を取るということである。記録を取る過程では，実際の保育の中で気づかなかった子どもの変化に気づき，また子どもについての新たな発見があり，またあるいは自分自身の課題に改めて気づかされることがあり，子どもの成長，そして保育者自身の成長といった部分でも記録は大きな意義があるといえる。

4. 管理・運営面からみた記録

厚生労働省の「保育施設における事故報告集計」によれば，2014（平成26）年の報告件数は177件で，うち負傷等の報告は160件，死亡の報告が17件報告されている。

こうした事故が生じる背景には，以下述べるように保育現場における仕事の忙しさが関係していると考えられる。現在の保育現場の業務実態については，一般社団法人全国保育士養成協議会が指定保育士養成施設卒業生の卒後の動向及び業務の実態に関する調査を実施しており，それから確認することができる。保育士全体の82.1%が「仕事をやめたいと思ったことがある」と回答しており，その理由については，「仕事量が多すぎて疲れを感じたとき」が52.6%と過半数を超えている（社団法人全国保育士養成協議会専門委員会，2009）。また，保育士不足もあいまって休憩がとりにくい，残業が多い，休日出勤など過酷な勤務実態が浮き彫りとなっている園も一定数存在する。

まずは，過重な業務負担を保育士に強いない労働条件，労働環境の整備が当面の課題である。それと同時に保育現場に求められる課題は，安心・安全な保育環境のもと，子どもの育ちを保障するための保育実践が可能となるために記録を生かし

た事故防止を目指すことが重要になる。子どもを預ける保護者側からみれば，事故が繰り返され，子どもの安全を確保できない保育現場には信頼をおくことはできず，経営管理という面でリスクを伴うことになる。園経営の側面であるリスクマネジメントという観点だけで記録の目的や意義をすべて見出すことはできないが，やはり管理・運営面からみた場合にも記録の意義は大きいといえよう。（竹下　徹）

注

(1) 全国保育士会ホームページ『全国保育士会倫理綱領』（http://www.z-hoikushikai.com/about/kouryou/index.html：2018年5月26日閲覧）

引用・参考文献

太田光洋編著『保育内容の研究―保育内容の総合的理解と実践』保育出版会，2011年
小田豊編著『幼児教育の方法』北大路書房，2012年
河邉貴子『遊びを中心とした保育』萌文書林，2015年
神蔵幸子・宮川萬寿美『生活事例からはじめる―保育内容　総論』青踏社，2016年
鯨岡峻編著『エピソード記述を読む』東京大学出版会，2012年
社団法人全国保育士養成協議会専門委員会編「「指定保育士養成施設卒業生の卒後の動向及び業務の実態に関する調査」報告書Ⅰ―調査の概要」『保育士養成資料集』第50号，2009年，pp.123-129

第6章
言葉の内容と指導法

1．はじめに―言葉とは何か？

保育士や幼稚園教諭，また保護者といった子どもの発達に携わる人なら誰しも，「子どもの言葉の力を伸ばしたい」と願い，子どもの言葉の出るのが遅いと心配したりやきもきしたりして「何とか言葉を伸ばせないか」と思ったりするわけであるが，そもそも言葉とは何か，言葉を獲得することにどのような意味があるのかを考えることは少ないと思われる。しかしながら，0歳～6歳という言葉がない状態から始まりやがて言葉が芽生え，そして活用されていくという大きな発達の流れの中において，まず言葉が果たす役割を考えることは非常に大切なことだといえる。そこで，まず初めに言葉を獲得することが人間にとってどのような利点があるのか押さえておきたいと思う。

さて，「言葉とは何か？」と聞かれた時に，言葉はコミュニケーションに欠かせない，意思伝達に必要なものと答える人が多いだろう。しかし，言葉はコミュニケーション手段以外にも実にいろいろな機能を持っている。いくつか紹介したい。

(1) 物に対する命名の機能がある

言葉は身の回りの物に対する命名の機能を持っている。物に名前があることで，共通理解を持つことができるし，わざわざその物を見せなくても，言葉ひとつで通じ合うことができる。物に名前があるということに気づいた子どもの反応は面白い。1歳半から2歳にかけて，次々に身の回りの物を指さしては，大人に「これは？」「ん？」「何？」と物の名称を尋ねてくる。さながらヘレン・ケラーが水に触れて，物に名前があることに気づいた姿を彷彿とさせる。この時期を経て，子どもの語彙は飛躍的に向上する。

(2) 考えや感情を人に伝えることができる

多くの人が「言葉」と聞いてイメージするいわゆるコミュニケーションの手段としての言葉である。例えば，おなかがすいた時を例に考えてみよう。

・生まれて間もない赤ちゃん：「えーん」と泣いて訴える。
・はいはいをしだした赤ちゃん：台所に行って「アー」や「ウー」と訴えたりする。またテーブルをバンバンとたたいて空腹を訴える子どももいる。
・言葉が使えるようになった赤ちゃん：マンマ，マンマ食べゆ（食べる）。

泣くことや動作でも要求を伝えることは出来るが，「えーん」と泣いただけではおなかがすいたのか，眠たいのか，遊んでほしいのか，おむつを替えて欲しいのか，はっきりとは伝わらない。また，受け取る側の読み取りに依存するところも大きい。加えて，泣くというのはエネルギーの消費も激しい。また，動きや身振りでは時間がかかり，こちらも明確に相手に意図が伝わるかどうか定かではない。一方，言葉を使えるということは，エネルギーを省略でき，かつ時間短縮にもなり，効率的だといえる。特に言葉数が増えるほど，詳しく相手に要求を伝えられる。

(3) 目に見えないものを表現できる

言葉が使えるもう一点の良さは，目に見えないものを表すことができるという点だろう。言わなければわからない気持ちや考え，旅行で経験した出来事や風景など，その場に居合わせなくても話を聞くことで同じ思いや体験をした気になるものである。

(4) 考える思考の手段になる

例えば，買い物をするとき，「今日はカレーにしようかな。えっと，ジャガイモ買って，たまねぎ買って，ニンジン買って……。あっ，ニンジンは家にあったな。」とブツブツ独り言を言う人がいる。子どもでも砂場の前で「何作ろうかな～？」と誰に言うともなく言ったり，「明日何をして遊ぼうかな～？」と自分に向けて問いかけたりする姿がみられる。こうした姿は，言葉で思考する典型的な一例である。つまり，言葉には考えたり，分析したり計画したりといった機能がある。

(5) 感覚や感情の整理の手段になる

言葉には感覚や感情を整理する働きがある。例えば，子どもが遠足や長い散歩の帰り道で，お腹がすいたのと，疲れたのと眠たさと，足の痛みも絡まって，激しく泣くということがある。子ども自身はなぜ泣くのか細かな理由まで気づけないのだが，そのとき保育者の「お腹すいたのね。」「疲れたね。」という言葉がけによって，子どもの中にあった漠然とした気持ちが整理され，落ち着くということがある。大人ならば，そのあとに必要な対策（寝たり，ご飯を食べたり）を取る人もいるだろう。

また，言葉によって感覚が整理されるということがある。例えば，イチゴなどの果物を食べたときの“甘酸っぱい”という感覚は言葉で定義されてはっきりする感覚のひとつであろう。イチゴの味は，チョコレートの甘さとは違い，また酢のような酸っぱさとは違う，「甘いような」「酸っぱいような」微妙なラインの感覚である。「甘酸っぱい」という言葉で定義されて，腑に落ちるといった感覚である。

(6) 自己コントロールの手段になる

不安なことや心配なことがあったりするときに，誰しも自分に「大丈夫，大丈夫」と言い聞かせたり，反対に気分が高揚するときには「落ち着いていこう」などと声掛けをした経験があるだろう。これは言葉を使って自分の感情をコントロールしている一例であり，自分だけでなく，他者に対しても有効な手段である。

以上，少なくとも，主要な6つの言葉の機能を挙げた。特に (5) (6) はカウンセラーがクライエントに対して用いる手段のひとつでもある。こうしたことから，言葉には非常に大きな力があるといえる。日本にも言葉に力があることを，「言霊（ことだま）」という言葉で絶妙に言い表しているし，また西欧諸国の考えや倫理の基盤にもなっている聖書にも，言葉に対するさまざまな戒めが記されている。「自分の口と舌とを守るものは，自分自身を守って苦しみに合わない」（箴言21章23節）。「私たちはみな，多くの点で失敗をするものです。もし，言葉で失敗をしない人がいたら，その人は，からだ全体もりっぱに制御できる完全な人です」（ヤコブ書3章2節）。

ここでは，言葉がともすれば人生を左右する大きな鍵になることを明示している。

このように言葉にはコミュニケーションの手段や物への命名に加え，さまざまな役割があるのである。よって，言葉を獲得することは，子どもの生涯続く生きる力を支えることにもつながり，また言葉を支援するということは保育者の果たす大切な役割のひとつといえる。

ところで，現在は小学校から英語教育が導入され，また保育所，幼稚園，認定こども園でも簡単ではあるが英語教育を取り入れるところも増えてきた。

しかし，乳幼児期の第二言語の取扱いには十分注意したい。なぜなら，上に述べたように，言葉には単に物の命名にとどまらず，さまざまな役割があるからである。特に言葉は思考の手段になることを述べた。一般的に第二言語は第一言語の上に成り立つといわれる（三森，2003）。よって，まず第一言語をきちんと身につけることが必要であり，もし第一言語がおろそかなままだと，第二言語はさらに習得が難しくなる（三森，2003）。もちろん，発音の面では早くに第二言語に接した方がネイティブに近い発音になるかもしれない。筆者の知り合いでも，幼少期にアメリカで過ごした子どもがいるが，「とうふ（toufu）」のふ（fu）の部分を下唇を噛みながらアメリカ人さながらに発音していた。しかしながら，言語の習得は発音の習得にとどまらず，思考や自己コントロールの手段を獲得することでもある。よって，乳幼児期はまず第一言語の習得をしっかり押さえることに留意したい。

では，「幼稚園教育要領」「保育所保育指針」では，子どもの言葉を育てるために，どのような方法を提示しているのだろうか。

平成29年告示の「幼稚園教育要領」では，「言葉」の内容の取扱いとして5つの留意事項が掲載されている。

(1) 言葉は，身近な人に親しみをもって接し，自分の感情や意志などを伝え，それに相手が応答し，その言葉を聞くことを通して次第に獲得されていくものであることを考慮して，幼児が教師や他の幼児と関わることにより心を動かされるような体験をし，言葉を交わす喜びを味わえるようにすること。
(2) 幼児が自分の思いを言葉で伝えるとともに，教師や他の幼児などの話を興味をもって注意して聞くことを通して次第に話を理解するようになっていき，言葉による伝え合いができるようにすること。
(3) 絵本や物語などで，その内容と自分の経験とを結び付けたり，想像を巡らせたりするなど，楽しみを十分に味わうことによって，次第に豊かなイメージをもち，言葉に対する感覚が養われるようにすること。
(4) 幼児が生活の中で，言葉の響きやリズム，新しい言葉や表現などに触れ，これらを使う楽しさを味わえるようにすること。その際，絵本や物語に親しんだり，言葉遊びなどをしたりすることを通して，言葉が豊かになるようにすること。
(5) 幼児が日常生活の中で，文字などを使いながら思ったことや考えたことを伝える喜びや楽しさを味わい，文字に対する興味や関心をもつようにすること。

ここからわかることは，身近な人とのコミュニケーションの中で言葉が育まれていくこと，また絵本や物語，言葉遊びなどを通して言葉を豊かにすることが推奨されている。そこで，次の節からは子どもの言葉を育む方法に焦点を当てていく。まず，コミュニケーションの中で言葉を育む方法としてインリアル法を，また言葉遊びの中でも，書き言葉の基礎を培う言葉遊びとそれに関連した絵本や物語について述べていく。

2. 言葉を育むインリアル法

インリアル法とは，子どもに強制したり，誤りを指摘して訓練したりするのではなく，自然な遊びや生活の中で，言葉の力を伸ばしていこうとする方法である。アメリカのコロラド大学のワイズ博士らを中心に企画・実践されたプログラムであり，言葉に遅れのある子どもだけでなく，言葉をもたない赤ちゃんにも使用できる。具体的な技法は以下の通りである[1]。

① 子どもの行動や，子どもの出す声をそのまま真似る

積み木で遊んでいた子どもが，急に両手を上げてバンザーイのかっこうをしたとする。なんの意味かわからないが，大人もとりあえずバンザイのポーズを真似てみる。そうすると，それまでこちらに興味のなかった子どもが関心をもってこちらを見てくれるようになり，コミュニケーションのきっかけになることがある。

また，例えば，ボールを転がした際，「ああっ！」とびっくりしたように子どもが言ったとする。「ウゴイタ！コロガッタ！」という意味だろうか。そのとき，大人も「ああっ！」と同じ語調で言ってみる。子どもは大人が自分と同じ動き，同じ声を出してくれると嬉しいものである。なぜなら普段は大人の動きを真似ることが多いのだから，大人が自分の真似をしてくれると，それまでの立場が逆になったようで嬉しくなり，その結果積極的に大人側にコミュニケーションを取ろうとしてくれることがある。また，関わる大人の方も子どもと同じ動きをしていると，子どもの気持ちが少しわかるような気がする。特に赤ちゃんとどう接していいかわからない若い保育士やお母さんにとっても，この方法は有用である。「なぜこの子は今このような動きをしたのだろうか？」と，真似するまではわからなかった動作の意味が，同じ動きをすることで見えてくることがある。

② 子どもの行動や気持ちを子どものかわりに言葉に表す

子どもが何かに頭をぶつけたり，転んでしまった場合，子どもがびっくりして泣いてしまったとする。その際，「痛かったね。」「ゴトンしたね。」など，子どもの気持ちを言葉に出していってあげると，子どもはすぐに安心する。自分のことをわかってくれるという安心感が育ち，また言葉がけによって子どもの気持ちの整理や状況の理解にもつながると思われる。

③ 大人が自分の行動や気持ちを口に出して言う

「さあ，ご飯を食べたから着替えようかな」と言ったり，「お腹いっぱいになったなあ」など，自分の気持ちや行動を口に出して言う。聞く子どもは，こういう時にはこうするのか，こう言うのかなど学ぶ場になる。

④ 子どもの言い誤りを正しく言い直して聞かせる

例えば，仮面（かめん）ライダーのことを“タメンライダー”と発音する子がいたとする。構音が確立する前の幼児期にはよくあることであるが，その際，大人も“タメンライダー”と誤って返すのではなく，正しく“カメンライダー”と返すようにするのが良い。なお，子どもの発音をからかったり，子どもに正しく直させることはしない。

⑤ 子どもの言葉を意味的，文法的に広げて返す

子どもが「牛乳！」といった際，「牛乳を飲みたいのね」と子どもの言葉を広げて返すと良い。

⑥ 子どもに新しい会話のモデルを示す

さかんに，「ジイジ，チワ，ジイジ，チワ」と子どもが言っている場合，「じいじのお家にいこうね」「じいじに，こんにちはしようね」と正しい文章にして聞かせる。

以上，話し言葉を中心に，子どもとのかかわりの中で言葉を伸ばす方法としてインリアル法を紹介した。次に，書き言葉の基礎を育てる言葉遊びについて紹介する。

3．書き言葉につながる言葉遊びについて

（1）話し言葉と書き言葉

言葉は大別すると話し言葉と書き言葉に分類される。書き言葉の利点は，1節で述べた話し言葉の利点に加え，次のようなものが挙げられる。

まずは，手紙やメールに代表されるように，離れた相手に気持ちを伝えることができる，何度も読み返すことができるなどのよさがある。また，会話といった話し言葉に比べ，文字などの書き言葉を使うことで多くの情報を伝えることができる。誰でも話し言葉だけでは理解できないことも，文字にすることで理解できたという経験があるだろう。何より子どもたちにとって，文字が使えるというのは，大人に一歩近づいたような気分になるようで，ごっこ遊びのメニューを丁寧に書く姿や嬉しそうにお手紙を書く姿から，文字を使える喜びが伝わってくる。このように書き言葉が使えることは子どもの生活の幅を広げるといえる。

（2）書き言葉の発達

文字の読み書きというと，小学校に入ってからというイメージをもつ人もいるかもしれない。しかし，学生も実習中にしばしば気づくようだが，子どもたちの中には，すでに保育室の中に貼ってある自分の名前のシールを読んだり，簡単な文字を使ってお互いに手紙

を交換したりといった姿がみられる。実際，子どもたちはどのくらい字が読めるのだろうか。少し古いデータになるが，小学校に入る前にすでにひらがな71文字中65.9文字（92.8%）が読めるという報告がある（島村・三神，1994）。

また，ある年中の男の子に文字が書けるか聞いて実際に書いてもらったことがある（安村，2018，p.86-87）。この子どもの通っている園では，特に文字の読み書きを教えておらず，親自身も教えていない。しかし，「“し”なら書けるよ」と言って，書いてくれたことがある。つまり，誰に教えてもらわずとも生活するなかで自然と身についたのである。

ではこうした書き言葉の能力はどのようにして発達するのだろうか。実は，書き言葉は話し言葉を基に発達すると言われる。特に話し言葉の音を認識する能力は文字の読み書きに影響することが分かっている。これを“音韻意識”（phonological awareness）といい，「音節（モーラ）に着目する力」を指す。例えば「りんご」が「り」と「ん」と「ご」の3つの音からできているとか，最初の音が“り”であるとか真ん中の音をとると，“りご”になるといったことがわかる力を指す。つまり音を分解したり，とったり，くっつけたりといった言葉の音を操作する力を指し，一般的には4歳代から発達する。しりとり遊びは，この音韻意識が自然に表れた形といえる。

逆にいうと，この音韻意識といった音への気づきや感受性が育っていないうちは，文字の読み書きは難しいということになる。欧米をはじめ，日本の研究においてもひらがなの読み書きが苦手な子どもは，音韻意識の力が弱いという調査結果がある。大石と斎藤（1999）は，読み書きが苦手な小学生7人を調査したところ，「“たいこ”はいくつの音からできている？」「“あ”から始まる言葉は？」といった音韻意識を測定する課題において，スラスラ読める子より成績が悪かったと報告している。また，筆者が以前指導していた障害のある子どもたち（年長児）の中にも，ナカヤマ先生のことをナカマヤ先生とずっと言い間違えている子がいた。そのほか，小学校に上がっても，掛け算の九九や辞書を引くことが苦手だったり，色や形の名称や友達の名前を覚えられなかったりする事例もある。いずれも，「音（オン）」を頼りに探したり覚えたりする音韻意識の未成熟が原因である。

ところが，音韻を意識した課題（ゲーム）を取り入れることで，音韻意識の力が伸び，その結果，文字の読み書きが身についたという報告が多数ある。やり方はとても簡単で，先ほど紹介した「“りんご”がいくつの音からできているか」とか，「“りんご”の最初の音は何か？ それをとると何という言葉になるか？」といった言葉遊びを行うというものである。詳しい遊び方は，第4節で説明する。

なお，0歳の赤ちゃんの段階から子どもたちの音への感受性は育っている。例えば，日本人の不得意な英語のＲとＬの区別が赤ちゃんはできるといわれる。筆者の子どもも1歳にならないときに絵本の読み聞かせをしていると，「コップ」や「パンツ」「スプーン」といった破裂音に対してはその違いがわかるようで，その部分を読むと，くすっ（にやっ？）と笑う姿があった。

このように，音韻意識は文字の読み書きに先行して発達する。よって，幼児期に音韻意識を育てることは小学校に上がって本格的に学ぶ文字の学習の基礎になるといえる。

そこで，次節では音韻意識を育てる言葉遊び及び絵本について取り上げる。

4．音韻意識を育てる言葉遊びと絵本

（1）言葉遊び

音韻意識を育てる遊びとしてあえて新しく考案しなくても，今までやってきた遊びの中にも音韻意識を育てるものはたくさんある。また，これまで知っている遊びを少し工夫するだけで音韻意識を育てる遊びに変化できるものもあるので，紹介する。

図6-1　猫とねずみ

『**猫とねずみ**』：猫とねずみのチームに分かれ，先生の合図で追いかけたり追いかけられたりする鬼ごっこである。まず相手チームと向かい合って立つ。司会者が「ね，ね，ね，ねずみ」と声を掛けたら，ねずみチームが猫チームを追いかける。猫チームはタッチされないよう後ろのラインまで逃げる。反対に，先生が「ね，ね，ね，猫」と言ったら，猫チームがねずみチームを追いかける。後ろのラインにたどり着く前にタッチされたら，そのチームの仲間になる。これを繰り返し，最後に人数が多いチームが勝ちとなる。なお，最初のスタート段階で座ったり，仰向けの状態から始めても良い。また，「猫」と「ねずみ」以外に，先生は「ねんど」「ねる」など，似た言葉を入れると，音を意識して聞くことにもつながるだろう。

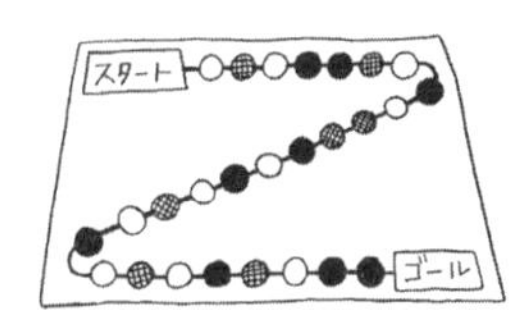

図6-2　音の数すごろく

『**音の数すごろく**』：サイコロの目を数ではなく，絵にする。例えば，「くるま」の絵が出たら，「く・る・ま」と声に出しながら，音の数だけコマを進める。

しりとりも音韻意識を育てるのに良い遊びであるが，少しアレンジを加えても楽しい。

『**しりとりれっしゃ**』：NHK Eテレの「おかあさんといっしょ」でも取り上げられていたもので，絵カードを使ってしりとりでつないでいくというものである。しりとりを口頭でやるのが難しい子にとって絵カードは想起を促してくれるし，また電車が好きな子は興味を持って参加してくれる。なお，絵カードには正解でない言葉を入れておくと盛り上がって楽しい。

図6-3　しりとりれっしゃ

なお，上述したように，音韻意識は幼児期後半に発達するので，少なくとも0～2歳までで上述のような音遊びを楽しむことは難しいと思われるが，日本のわらべ歌の中にも乳児を対象とした音遊びがあるので次に紹介する。

『**いちり，にり，さんり，しりしりしり**』：子どもを仰向けに寝かせ,「いちり」と言いながら，両足の親指をつかむ。「にり」と言いながら，両足の足首をつかむ。「さんり」と言いながら，両足のひざをつかむ。最後に「しりしりしりしり」と，お尻の下に手を入れてくすぐる。特に準備も必要としないので，おむつ替えや沐浴後などに気軽に取り入れることが出来る遊びである（※なお，いちり，にり，さんりとは昔の距離の尺度で，一里，二里，三里のこと。距離の四里とお尻をかけた言葉遊びである）。

図6-4　いちり，にり，さんり，しりしりしり

その他，ちょっとした時間に簡単にできるものとして，例えば，「“あ”から始まる食べ物は？」「3つの音からできている言葉をたくさん言ってみよう！」と，子どもたちに問いかけ，たくさん挙げさせてみるのも良いだろう。また，「“たいこ”から“た”をとってみよう」と音抜きをしたり，「“たいこ”の最初の音は？」など，特定の音を当てさせたりするのも良い。

なお，このようなゲームを行うとき，特に低年齢ほど，積み木といった目に見えるものを一緒に使いながら行うとわかりやすい。例えば，“あいす”と言いつつ，積み木を3つ並べていくやり方である。そのとき，ゆっくりはっきりと発音すること，ひとつひとつの音を丁寧に発音するなど，音を強調しながら発音するようにするとよい（シェイウィッツ，2006）。また，“あいす”の絵があるとイメージしやすい。そして，慣れてきたら絵をとってみる，積み木をとってみるなど徐々に手がかりを減らして，言葉の音だけに着目してやっていくとよいだろう。

(2) 絵本の読み聞かせ

音遊びを取り扱った絵本で，おすすめのものとして，以下のものが挙げられている。どちらも音の繰り返しがあり，リズミカルで楽しい絵本である。

・『でんでんでんしゃがやってくる』（古舘綾子，岩崎書店，2002年）
・『ことばのえほん　あいうえお』（五味太郎，絵本館，1992年）

以上，音韻意識を育てる言葉遊び，および絵本について紹介した。何より日常の生活の中で，保育者が言葉の音の側面に敏感になり，子どもとのちょっとした会話の中で，「同じ音だね」「おもしろい音だね」といったように，やりとりを楽しみながら行うことが大切になってくる。また，だじゃれを日常会話の中に取り入れることで，子どもとの会話も楽しくなるだろう。子ども向けのテレビ番組を見ると，「クレヨンをくれよん」「アイスを愛す」など，だじゃれを取り入れたものが実に多い。大人は少し気恥ずかしさを覚えるかもしれないが，子どもたちはこうした言葉遊びが好きである。

言葉遊びは短い時間でもさっとできるため，少し時間が空いた時などに，言葉の音に着目した言葉遊びを日常の保育の中に取り入れてみるのも良いだろう。

5. 文字学習のための環境づくり

さて最後に，文字学習のための環境設定について考えていきたいと思う。現在，早いところでは4歳児から文字を教える園もある。それがよいか悪いかはともかく，「幼稚園教育要領」第2章「言葉」3「内容の取扱い」では文字の読み書きの指導について，以下のように記している。

> ⑸ 幼児が日常生活の中で，文字などを使いながら思ったことや考えたことを伝える喜びや楽しさを味わい，文字に対する興味や関心をもつようにすること。

ここで大切なポイントは，日常生活の中で自然と文字にふれる機会があること，そしてその流れの中で文字に対する興味がわくような環境の設定が必要だということである。つまり，文字が読めること・書けることが最終目標ではなく，さまざまな活動を通して文字に興味や関心をもたせたり，文字を使う中で自分の思いや考えを伝える楽しさを味わったりすることが期待されているのである。そのためには，どのような環境づくりがよいのだろうか。以下，環境づくりの実践例を紹介したい(2)。

【事例】手紙をつかったある保育園の取り組み

この保育園では，年長さん対象の園外で行われるお泊り保育を楽しんでもらうために，絵本『ガリバー旅行記』の“ガリバー”の孫を保育者が設定し，その人物との交流を手紙で行った。次のような展開で話が進んでいく。

① 保育者が夏のお泊り会の場所を下見に行った際，ガリバーの孫に会ったことを子どもたちに伝え，ガリバーの孫に子どもたちが手紙を出す。

② ガリバーの孫から手紙がきて，ガリバー村（お泊り保育の場所）で肝試しをすることをもちかけられる。

ガリバーとのやり取りは，夏合宿にとどまらず，このあと１年をかけてやりとりが行われ，“ガリバー”の孫からプレゼントが届いたり，“ガリバー”の孫からもらった旗が“化け物”（これも架空のもの）に狙われるという行事（？）が入ったりと，とても楽しい展開がその後も続いていく。その“ガリバー”の孫や“化け物”とのやりとりはすべて手紙で行われ，子どもたちはその手紙をとても楽しみにしており，その様子から自然と文字に親しみ，興味をもっていることが伝わってくる。

ここからわかることは，「文字」を学ばせようという目論見でやっている実践ではないが，結果として見事に「手紙」や「文字」が保育の中で重要な役割を果たしているということである。そして，こうした取り組みこそが先にあげた「幼稚園教育要領」に書かれた目的と合致した取り組みといえる。

文字の読み書きを教えることは小学校に入ってからでも十分に出来る。そして幼稚園教育要領でも文字の読み書きを単に教えることは記載されていない。そうではなく，文字を通して自分のことを伝える喜びを味わったり他者と関わる楽しさを感じることが大切なのである。そのためには，幼児期にできることは何なのか，何を子どもたちに身につけさせたら良いのか考えていくことが必要といえる。そのひとつとして，文字の基礎となる力に着目したり，文字に親しむ環境について考えることが必要と思われる。

演習課題

課題その1：自己紹介をしよう。

教室の全員で，輪になりましょう。そして，スタート地点を決め，一人ずつ名前を言っていきましょう。ただし，2番目以降の人は，前の人の名前を言ってから，自分の名前を言いましょう。

例：1番目の人「山田花子です」

2番目の人「山田花子さんの隣の佐藤達也です」

3番目の人「山田花子さんの隣の佐藤達也さんの隣の本山由香です」

課題その2：バースデーライン（馬見塚，2018，p.25）

教室にいる全員で，言葉を使わずに指を使ったりジェスチャーで表現したりして誕生日順に並んでみましょう。

① 4月生まれから誕生日の早い順に一列に並びます。

② 並び終わるのにどれくらいの時間がかかるでしょうか。

③ 全員が並び終わったら，先頭から誕生日を言っていきましょう。

☆これらの活動を振り返り，以下の問いを考えてみましょう。

- どちらのゲームが難しかったですか。それはなぜですか。
- 言葉の働きにはどのようなものがあると思いますか。
- コミュニケーションは言葉だけで成り立つと思いますか。
- 言葉の未発達な幼児の立場になって考えてみましょう。

注

(1) 中川信子（1999）より，一部引用・参照した。

(2) 事例は，吉田直美『みんな大人にだまされた！―ガリバーと 21 人の子どもたち』ひとなる書房，1997年より，引用した。

引用・参考文献

- 大石敬子・斎藤佐和子「言語発達障害における音韻の問題―読み書き障害の場合」『音声言語医学』(40)，日本コミュニケーション障害学会，1999年
- 五味太郎『ことばのえほん　あいうえお』絵本館，1992年
- 島村直己・三神寛子「幼児のひらがなの習得―国立国語研究所の1967年の調査との比較を通して」

『教育心理学研究』(42), 1994年, pp.70-76.
・シェイウィッツ, S著, 藤田あきよ訳, 加藤醇子医学監修『読み書き障害(ディスレクシア)のすべて』PHP研究所, 2006年
・杉村伸一郎・白川佳子・清水益治・公益財団法人児童育成協会監修『保育の心理学Ⅰ』中央法規, 2015年, pp.378-387
・高橋登「第8章文字の知識と音韻意識」『言葉の発達入門』大修館書店, 2002年
・寺田清美著, 村石昭三・関口準監修『はじめてみよう!幼児のことば遊び　0・1・2歳児編』鈴木出版, 2012年
・中川信子『1・2・3歳　ことばの遅い子―ことばを育てる暮らしのヒント』ぶどう社, 1999年
・古舘綾子『でんでんでんしゃがやってくる』岩崎書店, 2002年
・馬見塚昭久「第1章領域言葉とは」馬見塚昭久・小倉直子編著『保育内容「言葉」指導法』ミネルヴァ書房, 2018年
・三森ゆりか『外国語を身に付けるための日本語レッスン』白水社, 2003年
・安村由希子「第5章書き言葉の発達と保育」馬見塚昭久・小倉直子編著『保育内容「言葉」指導法』ミネルヴァ書房, 2018年
・吉田直美『みんな大人にだまされた!―ガリバーと21人の子どもたち』ひとなる書房, 1997年

言葉遊びについては, こちらのホームページも参考になります。
「日本体育協会アクティブ・チャイルドプログラム」
https://www.youtube.com/watch?v=p4UIqsO7f3U (2018年8月1日最終閲覧)
「島田療育センターブログぽっけ」
https://www.shimada-ryoiku.or.jp/pokke/speech-2351.html (2018年8月1日最終閲覧)

第7章
造形表現の内容と指導法 I

1．はじめに

いわゆる「表現」の中には言語表現・音楽表現・身体表現等，さまざまあり，その中でも「色」や「形」によって「表現」していくのが「造形表現」である。しかし，この「表現」や「造形表現」という枠組みは，大人の側が定義するもので，実際に活動をする子どもにとっては，大きな意味を持つものではないということを前提としておきたい。

それでは，子どもたちはどのように捉えているか。それは，「造形表現」のみならず，あらゆる活動は生活の中におけるひとつの「あそび」という認識が強いのではないだろうか。つまり，子どもにとっては「造形表現」＝「あそび」，もしくは，このような式が成り立たない無意識的な行動原理に則って行う「やりたいからやる」活動であり，絵を描いたり，ものをつくったりすることは楽しい活動であるということがいえるのではないかということである。だからこそ，あまりにも強制的な「指導」であったり，やりたがらない子どもに無理矢理させようとしたりすれば，当然，子どもたちにとっては楽しい活動ではなくなってしまう。

それでは，子どもたちにとって楽しい活動である「造形表現」は，ただ，子どもたちが楽しむならばそれだけで良いのだろうか。やはり，教育・保育の場におけるすべての活動は子どもたちの成長や発達を期するものでなくてはならないはずである。それでは，「造形表現」の活動においては，どのようなことを期するのか，それを挙げてみる。

●身体機能の発達（特に目と手）　●基礎的な造形の感覚　●豊かな感性（感じる心）　●表現する力・表現しようとする意欲　●創造する力　●コミュニケーション能力　●個の確立　... and more

以上を見てわかる通り,「造形表現」の活動では技術面には触れておらず，いわゆる絵を描いたり，ものをつくったりするような造形技術を育てようとするものではない。つまり,「造形の教育」をするわけではないということである。では，何を目指せばよいか。それは「造形を通しての教育(保育)」ではないかと考える。一見，同じような意味に捉えられてしまうかもしれないが，そこには大きな違いがある。「造形の教育」とは造形技術を育てようとする，対象を造形の専門家に特化した教育である。それに対して,「造形を通しての教育(保育)」とは,「造形表現」の特徴・特色を生かして（もしくは手段として）子どもの成長を促すことを目的とした教育（保育）である。教育・保育の目的を考えた時，子どものどちらを選択していくのかは自ずと見えてくるはずである。

子どもにとっての「造形表現」とは
□感動をあらわす
　見たものをそのまま写すのではない
□プロセスが重要
　子どもの作品は結果が重要ではない
□色や形で「あそぶ」ことが基本
　きれい，美しい，面白いを感じる

2. 子どもと「造形表現」をするにあたって

(1) 保育者としての姿勢

それでは,「造形を通しての教育（保育）」をしていくためには，保育者はどのような姿勢で臨まなければならないだろうか。

まずは「子どもの視点で共に楽しむ」ということが肝要である。「造形表現」で大切なのは，絵を描いたり，つくったりする「活動自体」もしくはその「過程」を楽しむところにある。決して結果としての作品を第一義的に考える作品主義には陥らないようにしなければならない。また，いわゆる「上手」にできるようになるための技術に偏るようなことがあってもならない。次は「活動の主体を子どもに」置くということである。活動の主役はあくまでも子どもであり，保育者が主役となる「教える」ような言動や指導とならないようにしなければならない。子どもたちが本来持っている力を引き出し，伸ばすという姿勢が大切ではなかろうか。そして「子どもとともに成長」するという姿勢が必要である。子どもたちは日々の生活・活動の中で成長をしていくが，それを認め，受容していくためには，保育者自身が成長していかなくてはならない。学ぶことは，幼稚園教諭免許や保育士資格を取得した時点で終わりではなく，子どもたちの成長を願い，より良い教育・保育を目指すために継続的に学び続けていく必要がある。

そのために必要なのは「造形表現」に関する知識・技能の習得であり，それとともに豊かな人間性を育むことである。現在の教育・保育に対してはニーズが多様化しており，実践的・専門的能力が大きく問われている現状がある。また，保育者の豊かな人間性が子どもの成長に大きく影響を及ぼすこともある。教育・保育について学ぶことには限りがなく，より良い教育・保育を目指し，学び続けていかなくてはならない。

(2) 実際的な活動にあたって

実際的な活動にあたって子どもたちに期する姿は，やはり活動自体を楽しむ姿ではなかろうか。そのために保育者は，子どもの興味・関心を捉え，活動の内容を深く掘り下げ，他の活動と体系的に取り組みながら，さまざまな工夫を凝らさなくてはならない。

しかし，実際にはやりたがらない子どもが出てくることもある。その際にはなぜやりたがらないのか，その原因を探り，その子に合った支援が必要になってくる。

ここで大切なのは，決して焦らず，長期的に支援をしていくことであり，自信を回復し，描いたり，つくったりする気持ちを呼び戻すことである。そこで作品を「完成させる」ことだけに固執して無理矢理に誘導し，活動をさせたとしても，それはもはや「表現」ではなく「作業」となり，子どもの成長や発達を期待することはできない。

【原因として考えられること】

- ●比較や批判を受けた経験がある
- ●指導を受けすぎた
- ●真似を注意された
- ●写し描き，塗り絵ばかりしてきた
- ●「なぐりがき」(後述) の経験が不十分
- ●汚れると怒られてしまう環境にある

… and more

(3) 安全な活動のために

子どもたちの活動は，成長や発達を期するものであるが，それと同時に常に怪我や事故の可能性があることを忘れてはならない。特に「造形表現」の活動においては，刃物などの危険な用具や材料を使うこともあり，怪我や事故が起きる割合が高くなるとともに，その深刻さが増す要因ともなる。

ただ，そのことばかりに目を向けてしまうと，子どもたちにさまざまな体験をさせることを躊躇(ちゅうちょ)し，その可能性を狭めてしまう恐れもあるため，子どもたちの実態を十分に把握した上で，判断をしていく必要がある。その過程では，生命尊重を第一義とし，安全な方法を選択し，安全の確認をしながら行わなくてはならない。

続いて，「人的環境」と「物的環境」の面からみていく。

まず，「人的環境」であるが，保育者自身が人的環境となり，材料や用具の正しく安全な使い方をするということが肝要である。また，用具や備品の整理整頓を心がけ，それを習慣化した姿を見せることが大切ではなかろうか。それと共に，保育者同士で常に声をかけあい，連携をしていく。そして，実際に怪我や事故が起きた時の対応も十分に考えておかなくてはならない。

次に「物的環境」であるが，活動をするには十分なスペースを確保しなければならない。狭い場所では自由に，思い切り活動をすることができないばかりか，子ども同士の接触によるトラブルの原因ともなりうる。また，見通しの良い場所で活動することで，そういったことを未然に防ぐ可能性も高くなる。そして，材料や用具，備品に至るまでしっかりと点検と確認をした上で子どもたちとの活動に臨まなくてはならない。

3. 子どもの発達と「造形表現」の関わり

教育・保育に携わるには，子どもの理解を深めていくことが，当然必要となってくる。子どもたちの心身がどのように発達していくのかを知り，発達段階と照らし合わせながら，子どもたちの姿を受容していかなければならない。

ここでは，心身の発達と「表現」の関係性，そして「造形表現」の発達過程について述べるが，気をつけなければならないのは，その発達過程にすべての子どもを当てはめていく必要はないということである。ここで述べることは，あくまでひとつの尺度として捉え，個々の実態に合わせていくことこそが肝要であることを念頭に置き，理解を深めてもらいたい。

(1) 心身の発達と「表現」

心身の発達と「表現」は相関関係にある。ともにいくつかの過程を経て発達をしていくものであり，子どもの「造形表現」も心身の発達過程に応じてその特徴をもつ。この特徴を知ることは，子ども一人ひとりを深く理解し適切な活動，そして，支援の手掛かりとなる。

(2)「造形表現」の発達過程

① なぐりがき期（1歳半～2歳半頃）

○叩きつけるように手を動かし，点や短い線等を画面いっぱいに描く。

○自分の手の動きの後が画面に残ることに興味を示し，繰り返し行う。

○手の動きのスピード感を声で表す。

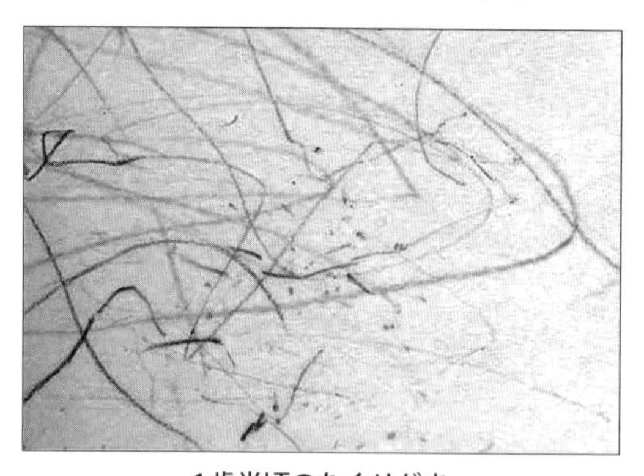

1歳半頃のなぐりがき

……たくさんの色を使いながら，無秩序に，画面いっぱいに線を描いている。

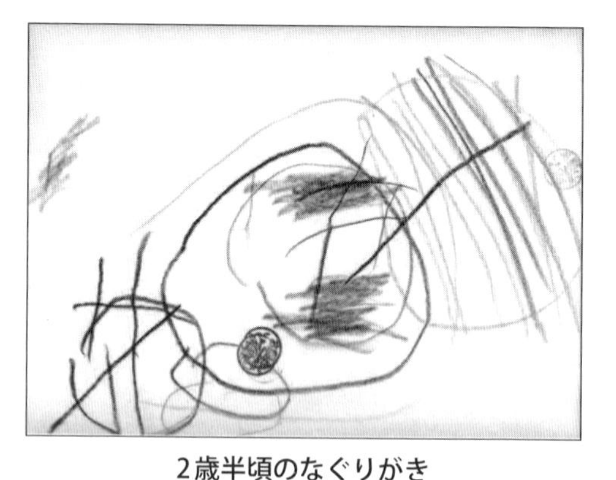

2歳半頃のなぐりがき

……力強い線となり，ある種の意思を持ちながら線を描こうとしている。

② 象徴期（2歳半～4歳頃）

○丸を描くことで命名したり，意味づけをしたりする。

○イメージから表現へ

……意図的な表現活動の芽生え

○「頭足人」の出現

……頭から手足が生えたような表現

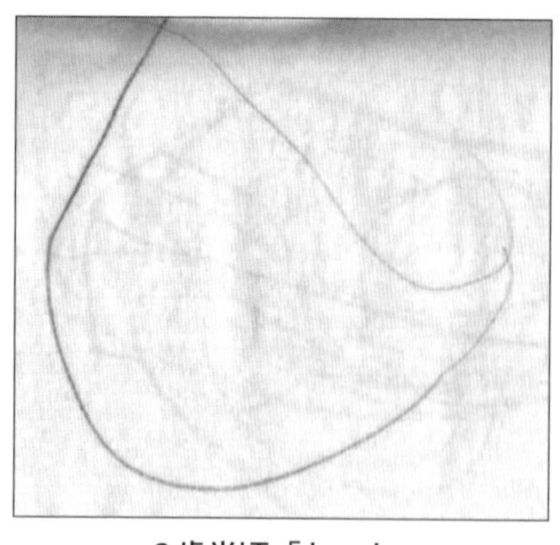

2歳半頃「おいも」

……芋掘りをした経験から，サツマイモに見える描いた形を「おいも」と命名する。

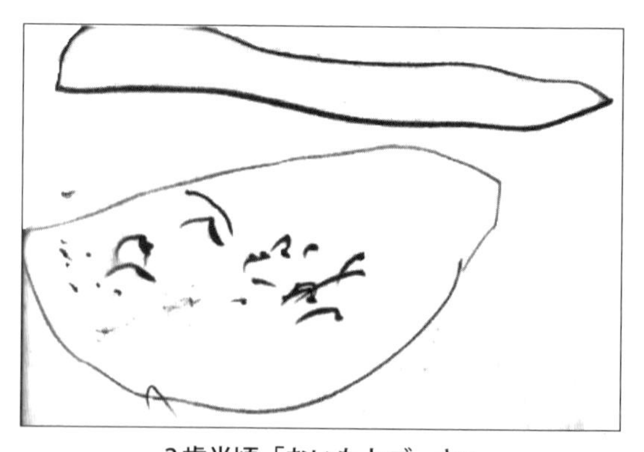

2歳半頃「おいもとゴーヤ」

……だんだんと詳しく描くようになり，興味も他の野菜に移っていっている。

2歳半頃の頭足人

……頭部には目と口が描かれ，そこから手が生えている。

3歳半頃の頭足人

……詳しく描くことができるようになり，目も白目と黒目を表現し，髪・眉・唇・胴体等を意識して描いているが，手は頭から生えている。

③ 図式期（4歳～8歳頃）

○興味・関心が豊かになり自分の知っていることを描こうとする。

○観察力は豊かになるが，まだ自己中心的で主観的。

○これまで経験で得た図式（人，家，花，太陽等）を並べたり，組み合わせたりする。

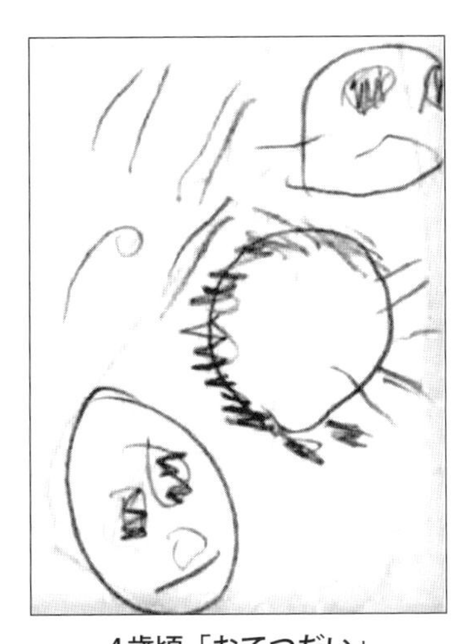

4歳頃「おてつだい」

……お昼ご飯をつくっている父の横で，お箸を並べてお手伝いした経験を描いている。

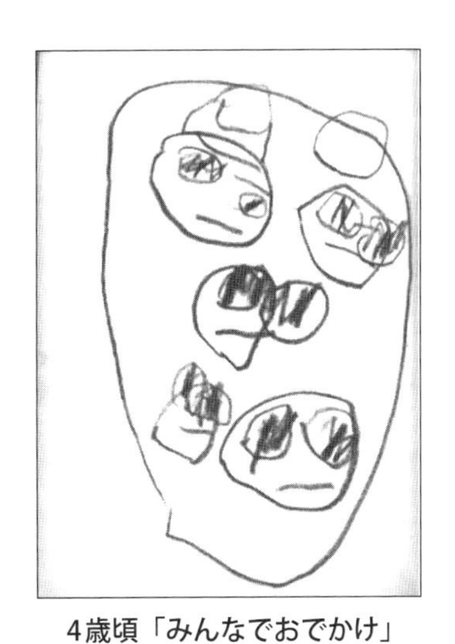

4歳頃「みんなでおでかけ」

……家族や親戚と車に乗って出かけた楽しい思い出を描いている。

【幼児期全体における特徴】

□自分の好きなものを繰り返し描く
□色彩への興味関心が強い
□細密な写実的表現への欲求はまだ希薄
　→自発的には小学校中学年くらいから

4.「造形表現」における素材

「造形表現」の研究は多角的な視点から行わなければならないが，そうした視点のひとつに「素材」を挙げることができる。しかし，「造形表現」において「素材」という言葉には2つの側面がある。ひとつは制作のテーマや主題を触発するものや概念としての「素材」である。もうひとつは物的な材料としての「素材」であり，これは「造形表現」をする上で必要不可欠のものである。ここでは後者について述べることとする。

「造形表現」において，「素材」の研究を深めるということは，最も重要な視点の1つである。なぜなら，「造形表現」をするうえでは，子どもたちの興味や関心とリンクさせながら，どのような「素材」が適当であるかを選択しなければならないからである。

また，「素材」を起点として考えたとき，その特性や可能性を追求することが，活動の具体的な内容を明らかにし，題材化，教材化するにあたっての指針となる。つまり，「造形表現」の具体的な行為や技術的な内容，関連する用具，さらには表現の主題なども明らかになってくるのである。例えば，紙という素材からは切る，折る，曲げるなどの行為や技術的な内容が明らかとなり，それに伴い，はさみ・カッターなどの必要な用具が決定する。そして，それによりどのような主題で「造形表現」を行うのかも導かれてくるのである。

では，どのような「素材」を選択すればよいか。それは，子どもがその時々の感動を自由に表現することができる「素材」であり，それと同時に遊びたい，表現をしたいと思わせる「素材」である。どのような「素材」を準備するかによって，子どもたちの感動はそれぞれ異なり，発想もまた違ってくる。その時々に適した「素材」を使うことで，感動は子どもたち自身の中で確かなものとなり，それを「形」や「色」で表現し，喜びへとつなげる。さまざまな「素材」を用い，このような活動を繰り返すことによって子どもたちの表現は深まり，広がっていくのである。

このことについては，ローウェンフェルドが著書『美術による人間形成』の中で「子どもが成長するのを助けたり，自由に美術表現したりするのに（中略）その適した時期に適切な素材を承知していて子どもに与えることが指導者の仕事である」（ローウェンフェルド，

1963, p63）と書いている。子どもがのびのびと自由に表現するためには，指導者（保育者）がその時々の子どもたちに適した「素材」を準備するということを含めた環境作りに努めなければならないということである。

そのためには指導者（保育者）が「素材」に関しての正確な知識と技能を持たなければならない。

そして，それとともに，まずは指導者（保育者）自身がさまざまな「素材」の体験をしなければならない。その体験があって初めて，子どもの「素材」への取り組み方，発想の出し方，造形の捉え方がイメージできるからである。例えば土粘土を扱ったことのない指導者（保育者）が，子どもに土粘土を与えて「好きなものをつくって遊んでみよう！楽しいよ！」と言っても，その本当の楽しさは伝わらない。身体全体を使って土にまみれて遊ぶ楽しさを，まず指導者（保育者）自身が体感していないと，その言葉に「楽しい」という実感はこめられず，伝わらないのではないだろうか。面倒だとか汚れるのが嫌だという表情が少しでも出れば，子どもはそれを察し，安心して思いっきり遊ぶことはできない。土粘土で遊んだ経験があり，その楽しさを十分に味わった指導者（保育者）は，言葉かけひとつにしても非常に具体的であり，的確である。そして，子どもはすぐにそれを心と身体で受けとめるのである。

また，指導者（保育者）が多くの「素材」に触れていく過程では，さまざまな技法やその効果なども体験することになる。そうすることで子どもたちの活動が具体的にイメージできてくるはずである。逆に言えば，それがなければ指導者（保育者）のねらいは達成することはできない。

しかし，本来子どもは自分の周りから遊ぶための「素材」をこともなげに発見して利用するのだが，近年は決まった遊び道具がないと遊べない子どもが多いといわれる。今日，われわれを取り巻くその生活環境の変化はめまぐるしい。全国的な都市化，それに伴う過度の情報化や機械化の中で自然は減少し，子どもは直接「もの」に触れ，「もの」に関わる生活から疎外され，テレビやスマートフォン，パソコンなどのバーチャルな世界が中心と

【素材選択の基準】

- ●発達過程に応じて誰でも扱え，安全なもの
- ●必要に応じた分量が無理なく集められ，入手しやすいもの
- ●子どもの生活や環境とリンクし，つくる意欲が高まるもの
- ●技法の面から考えて難しすぎず，簡単すぎないもの
- ●つくる過程で新たな発見をしたり，工夫したりしやすいもの
- ●保管や管理がしやすいもの　... and more

なってきた。さらに言えば，人（生命）や「もの」に対する現実感が得られなくなってきているのではないだろうか。だからこそ，子どもたちには実際の「もの」としての「素材」に触れさせなければならないと考える。

「造形表現」の「素材」は数限りなく挙げることができる。子どもにとって危険であったり，有害な物質を含んでいたりするようなもの以外は，アイディア次第であらゆるものが「造形表現」の「素材」となりうる。指導者（保育者）より，むしろ子どもの方が新しい素材の可能性を発見する能力に長けているかもしれない。指導者（保育者）の側こそが感性を高め，日常の中のありとあらゆるものに目を配り，柔軟な発想ができるように努めなければならない。

5．おわりに

「造形表現」における活動は，身体全体，そして五感を駆使することがその源泉となる。幼児期は自分以外のものに身体全体で働きかけ，五感で感じ，自分を取り巻く世界を認識し，その世界に働きかける力，つまり創造するという文化的な能力の基礎を育てていくことにつながっていく。

現代社会はさらなる進歩を遂げ，その歩みは留まることを知らない。そのような時代だからこそ，子どもたちには「造形表現」の活動を通じ，さまざまな経験や体験を保障しなければならない。そして，そのことこそが「幼稚園教育要領」で述べられている３つの柱「知識及び技能の基礎」「思考力，判断力，表現力等の基礎」「学びに向かう力，人間性等」を育むことにつながるのではないだろうか。保育者は「造形表現」に対する理解を深めていくとともに，子どもたちがより健やかに成長するために，既存の概念だけにとらわれることなく，日々研究を重ねていって欲しい。

演習課題

1. 子どもの「造形表現」に関わる保育者はどのような姿勢で臨むべきであろうか。
2. 「造形表現」の発達過程を理解することが，なぜ必要であろうか。
3. 「造形表現」における「素材」の研究はどのようにして行わなければならないであろうか。

引用・参考文献

・石原昌一ほか熊本県幼児美育研究会『熊本県幼児美育の現在　実践事例集』熊本県幼児美育研究会，2008年
・佐藤学・今井康雄編著『子どもたちの想像力を育む―アート教育の思想と実践』東京大学出版会，2003年
・松岡弘明『子供の世界　子供の造形』三元社，2017年
・文部科学省・厚生労働省・内閣府『平成29年告示 幼稚園教育要領　保育所保育指針 幼保連携型認定こども園教育・保育要領〈原本〉』チャイルド本社，2017年
・ローウェンフェルド，V.著，竹内清・堀内敏・武井勝雄訳『美術による人間形成』黎明書房，1963年

※章内におけるすべての写真は筆者撮影

第8章

造形表現の内容と指導法Ⅱ

1．はじめに

目の前の子どもがペンやクレヨンを持って何かを紙に表している。グジャグジャ，ぐるぐる，しゃーっ，てんてん，とんとん，たったったっ……。大人のあなたからみると形にもなっていないような線が生まれてくるのを前にして，あなたはどのように理解したらよいのだろう。実は私たち大人の誰もが通ってきた道ではあるのに，このような子どもたちの表現に出会うと，はたと困ってしまうかもしれない。私たち大人は，子どもの「表現」をどのように捉えればよいのだろうか。

一見すると意味がないように思える線や形も，実は大切で，子どもたちの思いの発露（はつろ）である。そしてこのような表現を考える視点を与えてくれるこれまでの研究や実践がある。この章では，子どもの造形表現をどのように解釈し，なぜ子どもたちは「表現」するのかを考えていきたい。

この章のタイトルには，「指導法」という言葉を使っているため，乳幼児に絵を描かせる技術的な方法が書かれていると思われるかもしれない。しかし，ここでは中学・高校生に対して行う絵画指導法のようなものを述べるつもりはない。保育現場の先生から「子どもたちに絵を描かせる指導が一番難しい」という声をよく聞くが，おそらく中学・高校での指導法をイメージしているからだろう。しかしながら，乳幼児に対して絵は「描かせる」ものなのだろうか？　表現しようとする気持ちに至っていない幼い子どもに絵を「描かせよう」とすると，それは難しいに違いない。この問題も子どもにとっての「表現」について考えていけば，解決の糸口を見いだせるかもしれない。乳幼児期の子どもの「表現」に対してどのように向き合い，保育者としてどう関われば，子どもの「表現」が深まっていくかという意味での「指導法」として読んでいただければと思う。その大切なポイントを紹介し，あわせてこれからの保育者にとって求められることについても触れていきたい。

2. 子どもにとっての「表現」を考える

(1) 要領・指針から「表現」を考える

最初に「幼稚園教育要領」「保育所保育指針」「認定こども園教育・保育要領」(以下，指針・要領) での「表現」についての記述を確認しておきたい。「表現」という領域のテーマは，「感じたことや考えたことを自分なりに表現することを通して，豊かな感性や表現する力を養い，創造性を豊かにする」と書かれている。短い文章ではあるが，「表現」という行為と，それによってどのような力が身につくのかが書かれている。「表現」のテーマの前半部分，「感じたことや考えたことを自分なりに表現する」とは，日々の生活の中で心を動かされる発見や体験といったさまざまな感動 (これ何だろう？　わーきれいだな，かっこいいかたち！　これおっきぃー！　あ，つめたい！　楽しかった！) を，子どもたちはそれぞれ，その子なりの形で表したり，言葉や身体で表したりするということである。乳幼児期の子どもたちの「表現」は，先生や誰かから言われてやらされるものではなく，あくまでも自発的な行為であるということを押さえておきたい。また，後半部分の「豊かな感性」とは，さまざまなモノやコトに気づき発見していく力であり，「表現する力」とは，誰かに自分の思いや感動，考えたことを伝える力で，コミュニケーション力ともいえる。そして，「創造性」とは，新しい発想で考え，イメージし，創り出していく力である。つまり「表現」していく行為を深めていくと，「豊かな感性」「表現する力」「創造性」が身についていくということである。

また，今回の改訂にあたり「表現」においては，要領の「内容の取扱い」の部分で記載の充実がみられている。「(1) 豊かな感性は，身近な環境と十分に関わる中で美しいもの，優れたもの，心を動かす出来事などに出会い，そこから得た感動を他の幼児や教師と共有し，様々に表現することなどを通して養われるようにすること。<u>その際，風の音や雨の音，身近にある草や花の形や色など自然の中にある音，形，色などに気付くようにすること</u>」の下線部が書き加えられている (下線は筆者による)。「身近な環境」を通し「心を動かす」感動体験に出会わせる方法をかなり具体的に示すと同時に，実は保育者にこそ豊かな感性が求められているということを伝えている。たとえ豊かな自然環境が周りになくても「コンクリートの中に一つタンポポが咲いていても，先生が，あ，何か咲いているよと指し示してくれることも自然の入口である」と美術評論家の南嶌が述べているように (石原ほか 2008)，保育者という入口によって，子どもの感動体験との出会い方が違ってくるともいえる。この (1) では，以下のポイントを押さえておきたい。

- ●心動かされる感動体験が子どもの表現につながる
- ●保育者にこそ豊かな感性が必要である

(2) 保育現場で行われている造形活動から「表現」を考える

保育現場では，日々造形活動の実践例が生まれていくが，熊本県にある認定こども園での造形活動から「表現」について考えてみたいと思う。

ある年の9月，年長児担任の小見久美子先生（現熊本市立幼稚園教諭）は，大きな木の下，木陰ができる園庭で子どもたちが石を丸く並べる姿を目にする。子どもたちはその中に草を敷きつめ，ベッドを作って遊んでいた。そのベッドはとても素朴であったが，室内にこもりがちな子も一緒に何日も友達とはしゃいでいたそうだ。そこで先生は，親子で秋の自然に親しむ園行事が11月に計画されていることから，自然物を使って，よりダイナミックに楽しめる基地作りをしたいと考えた。

基地作りを前に，子どもたちにどんな基地にしたいか，基地の絵を描いてもらった。そこには「すべり台と竹馬の基地」や「階段とすべり台付きの二階建ての家」などが現れて，設計の元となった。

そして秘密基地作り当日，父親が多く参加する中，子どもたちは設計図を見せながら，親子で基地作りに挑んだ。子どもたちの発想を実現させるために苦戦しながらも，親はのこぎりで木を切り，子どもたちは枝を運び，組み合わせて，2時間で8つの基地ができあがり，子どもたちは大喜びの中，親子制作を終えた（図8-1）。

子どもたちは，それからもできあがった基地で遊び続け，秘密基地で弁当を食べては，友達との会話を楽しみ，室内で制作することが多かった子も，父親と作った基地が大好きで毎日遊んだ。子どもたちにとっては，狭い入口をくぐって基地の中に入ると別世界のようで，その空間はいろいろなイメージの世界に広がった。宇宙船に見立てて寝転び，葉っぱの隙間から見える空を眺めて宇宙遊泳気分を味わったりした。強い風で基地が壊れた時は，友達と声をかけ合い修理し，手直しする度に新しい素材を加えては遊びが深まり，造

図8-1　親子で秋の自然に親しむ園行事（11月）

形が続いていったそうだ。

十分遊びこんだあと,「こんな家があったらいいな」というテーマで12月に子どもたちの描画活動を行うと,基地作り前の11月にすべり台と竹馬の基地の絵を描いていたHちゃんは,鼻とお尻が入口になっている「恐竜の家」を描いた。二階建ての家を描いていたJちゃんは,12月には,「100階建ての家がいい」と自分で紙を継ぎ足しながら描き続けた。するとその楽しそうな姿に友達が参加し,Jちゃんが描いては友達が画用紙を繋げる手伝いをして,つなぎ目はボロボロになったが,もっと描きたいという思いと,友達との楽しさが詰まった素敵な絵となった。他にも「スターの家」や「お菓子の家」など,思いもつかない発想の絵が生まれた。十分に遊びこんだことでイメージが爆発的に広がり,絵の表現が深まっていったのだ。

小見先生はこの実践から,以下のポイントに気づかされたと話す。

- ●素朴な表現にも関心を寄せて受け止める大切さ
- ●認め合い,協力し合う仲間や,モデルがいると表現の喜びはさらに大きくなる
- ●十分に遊びこむことで表現はさらに深まっていく

(3) 芸術について考え,子どもの表現との関係を探る

表現の領域の中で,絵を描いたり,モノをつくったりする創作活動のことを,乳幼児期では「造形」,小学校では「図画工作」,中学・高校では「美術」,そして大人になると「芸術」とよばれる(この章は造形表現がテーマであるので,ここでの「芸術」とは,絵画,映像などの視覚芸術と彫刻などの触覚芸術を指す)。それでは,大人による「芸術」と乳幼児期の「造形」は,どんな関連があるのだろう? 大人の芸術について関心を持って知ることが,乳幼児期の子どもの造形について捉えなおすきっかけになるかもしれない。

図8-2 レオナルド・ダ・ヴィンチ《モナ・リザ》

1503-1506年頃,板に油彩,77×53cm,ルーブル美術館蔵
出所:Wikimedia commons

芸術作品の中には,さまざまな解釈が可能で,時代を超えて“名画”と呼ばれるものがある。最も有名なものが,レオナルド・ダ・ヴィンチが描いた「モナ・リザ」(**図8-2**) だろう。

女性が一人描かれているが,喜びとも悲しみともとれる微笑みを浮かべ,どこか神秘的な雰囲気である。

穏やかな色彩が美しいが，背景は荒涼とした風景が広がり，左側は暑く地獄のようで，右は冷たく氷の世界のようだ。左側が世界の始まり，右側が世界の終末を表していると解釈する人もいる。モデルはイタリア・フィレンツェの富豪の妻とも，ダ・ヴィンチの自画像ではないかとの説まであり，謎を多く秘めた作品である。このように，多くの見方やイマジネーションをかき立てられる，深みを持った作品が，名画と呼ばれるものだ。

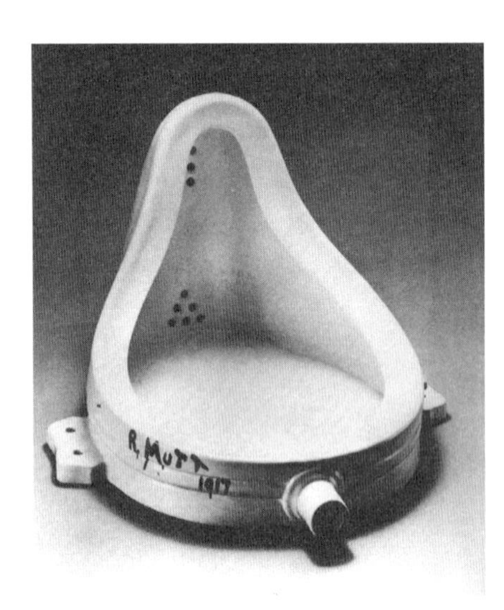

図8-3　マルセル・デュシャン《泉》
1917年，男子用便器（陶器），60cm
出典：Wikimedia commons

図8-4　アンディ・ゴールズワージー《Cone》 1990年，石，エジンバラ王立植物園
出所：Wikimedia commons

高度な技術で作られた美しい作品だけが，芸術作品ではない。20世紀に入ると権威的な“芸術”に対し，絵画上の新しい価値を見出したピカソらによる“キュビスム”や，既成概念の破壊を目的とした“ダダイズム”などさまざまな芸術運動が巻き起こっていた。そのような中，1917年，ニューヨークで保守的な芸術団体のやり方をくつがえすための展覧会が誰でも参加自由な条件で開かれたのだが，R. Mutt氏の作品が問題となった。どんな作品でも出品可能という条件のため，主催者側はその作品を受け付けないわけにはいかなかったが，展示をしないという判断を下した。この展覧会の委員の1人，アーティストのマルセル・デュシャンは，作品を展示すべきであると主張するが，決定は変わらなかったため，彼は抗議をし，委員を辞任する。ところで，そのR. Mutt氏の作品とは，そこら辺に売っている便器に「R. Mutt 1917」と，署名されただけのものだったのだ（**図8-3**）。

ひとつの作品の登場で，大論争を巻き起こすこととなったこの事件，実は仕組んだのは，展覧会の委員で一連の事件に抗議して辞任したマルセル・デュシャンであった。そしてR. Mutt氏とはデュシャン本人，つまり自作自演の行為だったのだ。

品位が高いものと考えられていた“芸術”に対して攻撃し，芸術の本質を問い質した行為として，以降の現代美術に多大な影響を与える作品であった。“芸術”とは，権威として認められたものだけで成り立つのではなく，権威に対し，新しい価値観の獲得に挑む“反芸術”的な要素を含むすべてといえる。この作品の登場により，いかなるものも芸術作品となりうるし，自ら手がけなくても作品となりうることが明らかとなる。このことから，現代の美術では，作品として完成した物より，コンセプトやプロセスの重要性が証明されたのだ。

山や川，海と関わり，そこにある自然物を使って造形する芸術をランドアートという。スコットランド出身のアーティスト，アンディ・ゴールズワージーは，自然の中に入り，そこにあるもの（葉，枝，石，雪，つららなど）を用いて，その場所でしか作ることができない造形を行い，その過程を記録した映像が彼の作品（**図8-4**）である。はかなくこわれやすい自然の素材を，集中力を持って繋ぎとめて形にしていく。一人で黙々と取り組むその姿は，宗教的な儀式のようにも見え，出来上がった作品は，自然に対する畏敬の念にあふれている。一方で，どこか子どもの頃に自然の中で遊んだ喜びや楽しさと通じるものがある。それは，いまだ知らない世界でさまざまなものに出会った感動表現であり，世界を確かめていく行為ともいえる。

いくつかの作品を紹介したが，芸術という行為はさまざまで，技術的な究極を目指す作品もあるし，それまでの価値観をひっくり返し，新しい美意識を生み出す（わけのわからないようにみえる）ものもまた芸術である。つまり芸術の本質とは，古今東西の人類が，この世界をどのように捉え，理解してきたかを形に表したものであり，さらに新しい価値観の発見に挑んでいくことで，この世界の枠組みを広げていく行為といえる。

一方で子どもたちの造形表現はどうであろうか。子どもが，集中して地面にぐるぐるとなぐりがきをしている姿は，昨日出会った新しい発見や，ひとつひとつの感動体験を確かめているかのようである。そこには，大人である私たちの芸術活動と同様に，いまだ知らない世界を手探りで確かめていく行為ともいえ，共通する点がみられるように感じる。このようなことが「造形」であり「表現」であり「芸術」といえるし，芸術の行為も子どもたちが表現する行為も両者は同じ行為だと考えてよいのではないか。

子どもの造形と大人の芸術の共通点

●表現におけるプロセスの大切さ

●両者とも，いまだ知らない世界を手探りで確かめ，世界を広げていく行為である

(4) 子どもの表現をどのように捉えるか

子どもたちの造形には，思いや感動，考えたりイメージしてきたプロセスが形いっぱいに詰まっている。一人ひとりの造形は，できあがった形は違うし，違って当然である。あなたが保育者として子どもたちと造形活動を行い，子どもたちに自発的な表現が生まれ，

一人ひとりの異なる形ができたら，その活動は成功といえるだろう。

自発的な表現を生み出すには，豊かな「遊び」や「感動体験」が必要であり，その中でさまざまな「造形する行為」が生まれていく。そして，保育者が子どもたち一人ひとりの表現を大切にしていくことで，子どもたちは自信を持ち，主体的に次なる表現に向かうだろう。この一連のサイクルを通して，物事に気づく力や自分の思いを伝える力，新しいものをイメージし創り出していく力を育んでいけるのだ。

3. これからの保育者として必要なこと

(1) 子どもの表現に寄り添う保育者として

まずは基本的なことであるが，子どもたち一人ひとりの表現に寄り添う保育者であり続けてほしい。どのような職業にしてもそうであるのだが，新人の頃は，目の前で起きることに敏感であり，さまざまな変化を見逃すまいと，丁寧である。しかし，時が経ち，仕事にも慣れてくると時間をかけずに対応でき，経験の積み重ねから，マニュアルのような対応が可能となる。それは良いことではあるのだが，一方で思い込みから丁寧さを欠くこともしばしばみられるし，子どものああしたい，こうしたいという気持ちに気づいていても，つい大人の事情（効率的に済ませたい，保護者にきれいに見せたい，自分に指導力があるように見せたいなど）で子どもたちの主体的な表現を曲げてしまうことがある。経験を重ねれば重ねるほど，そのように陥りやすいからこそ，常に子どもの視点を忘れず，思いに寄り添えるようにしてほしいと願う。

(2) 子どもの表現の支援者として

要領や指針の改定でも具体的に明記され，第7章でも触れているところだが，常に素材や用具への理解とさまざまな技法体験をしていく必要性がある。目の前の子どもたちの興味・関心から，さらに表現を深めるために臨機応変に対応するには，経験による引き出しの多さが関係する。子どもたちが，ああしたい，こうしたいと思い描いた時，あるいは思い描くことを想定して素材や用具を提供できると，その思いはさらに増幅され，保育者にも想像できないような表現に到達するかもしれない。

(3) 子どもの表現の発信者として

保育における記録（ドキュメンテーション）は，自身の保育のふり返りや園に残すための資料として用いられてきた。それは主に文字や図を中心とした記録であったが，これからの保育者としては，それに加えてカメラやパソコンなど情報機器を活用できる力が求められる。子どもたちの記録を写真や映像に残しておくことで，特に表現においては，それを外へ発信し，保育を開くことで豊かな保育実践を創っていける。

今まで子どもたちの表現を外へ発信する場合，一般的なのは，作品展といった形で保護者に伝えていくスタイルだろう。子どもたちは自分の作品を大切に展示されている様子を見て自信になるだろうし，そのこと自体は悪いことではない。しかしながら，作品展自体が目的化し，保護者に向けてよい格好を見せたいがための子どもたちの造形活動に陥っているケースも散見される。なかには，ほとんど保育者の作品といえるものもあるかもしれない。しかしながら，これまでみてきたように，乳幼児の「表現」は，結果ではなく，そのプロセスがより重要であり，子どもの主体的な活動こそ「表現」では大切なのである。

とはいえ，大人の目から見て未完成と思える作品や，子どもたちの表現に差がある場合，それを保護者の前で飾ることに躊躇する保育者もいるかもしれない。その時にこそ，写真や映像，言葉を駆使しながら制作のプロセスを紹介したい。なぜ，その子がこんな線を描き，こんな色を使った「表現」に至ったのか。保護者にとっても，自分が知らないわが子の成長の歩みを知ることの方がもっと大切で喜ばれるのではないか。今のスマートフォンのカメラはかなり高性能でありながら，取扱いも容易である。Wi-Fi で直接スマートフォンから印刷可能なプリンタもあり，このような機器を活用し，発信できる力を身につけておきたい。

4．おわりに

チンパンジーは絵を描くのかという研究が，実は 100 年以上前から重ねられている。チンパンジーは，色の好みがあり，構図の感覚も持つなど，一見すると子どもの絵や現代絵画と思わせる作品を作り，確かに“絵を描いた”といえる。しかし，彼らについにできなかったことは，（偶然を除き）丸（円）が描けなかったのだ。人間の子どもは，丸を描く行為に 2 歳ぐらいで容易に到達し，丸を何かに象徴して伝えられるようになる。「パパ」「ママ」「わんわん」。つまり「ことば」の獲得につながり，「イメージする力」あるいは「誰かに伝える力」を持つようになる。丸が描けた，そのことだけでも大きな成長なのである。わけがわからない丸がどんどん生み出されていくのを見ているだけでも愛おしく感じるのだ。点を打ったり，ギザギザの線を引いたり，ぐじゃぐじゃ塗り込んだりしている姿に寄り添い，子どもたちの表現の喜びをともに感じていきたい。

演習課題

1. 「かく」「つくる」「切る」以外に，子どもたちが「造形する行為」にはどんなものがあるだろう。
2. 絵を見るとき，どのようなポイントで子どもの絵を見るか？　考えられるだけ挙げてみよう。
3. 絵を描く材料（画材）と描かれる素材との相性について，適しているかどうか表にまとめよう。

引用・参考文献

・安斎千鶴子『子どもの絵はなぜ面白いか』講談社，1986年
・石原昌一ほか熊本県幼児美育研究会『熊本県幼児美育の現在　実践事例集』熊本県幼児美育研究会，2008年
・今川公平編著『こどもの造形』ひかりのくに，2007年
・請川滋大・高橋健介・相馬靖明編著『保育におけるドキュメンテーションの活用』ななみ書房，2016年
・小見久美子『かがやく瞳』No.13，熊本県幼児美育研究会，2014年
・無藤隆監修，浜口順子編者代表『事例で学ぶ保育内容　領域表現』萌文書林，2007年
・モリス，D.著，小野嘉明訳『美術の生物学—類人猿の画かき行動』法政大学出版局，1975年
・文部科学省・厚生労働省・内閣府『平成29年告示　幼稚園教育要領　保育所保育指針　幼保連携型認定こども園教育・保育要領〈原本〉』チャイルド本社，2017年

コラム3

子どもの表現—絵本の世界—

1. 絵本から身体表現・音楽表現へ

幼児が絵本から広げる想像の世界は果てしない。幼児は，絵本を読んでもらっているまさにその時に登場人物になりきることができ，全身でその様子を表現したり，台詞を表情豊かに真似したりする。

ここでは，絵本から身体表現や音楽表現へと発展することができるものを取り上げる。「(1) 全身での表現ができる絵本」「(2) 顔による表現ができる絵本」「(3) 自然の音への興味・関心につながる絵本」「(4) 音を想像できる絵本」「(5) 歌える絵本」に分けて紹介したい。

(1) 全身での表現ができる絵本

『できるかな？　あたまからつまさきまで』（エリック・カール作，くどうなおこ訳，偕成社，1997年）
『ね，ぼくのともだちになって』（エリック・カール作，偕成社，1991年）
『ぴょーん』（まつおかたつひで作・絵，ポプラ社，2000年）
『てんとうむし　ぱっ』（中川ひろたか文，奥田高文写真，ブロンズ新社，2009年）
『きょうのおべんとう　なんだろうな』（きしだえりこ作，やまわきゆりこ絵，福音館書店，1991年）

『できるかな？　あたまからつまさきまで』では，ペンギンが頭を回したり，バッファローが肩を上げ下げする。主人公の子どもは次々と登場する動物の動作を真似するという，まさに動物の動きを全身で表現するという内容の絵本である。身体表現を促す絵本として用いるのもよいだろうし（写真1参照），さらに保育者が音楽をつけてリトミックをするにも最適である。『ね，ぼくのともだちになって』は，主人公のねずみがさまざまな動物に会うたびに「ね，ぼくのともだちになって」と語りかけるストーリーになっており，幼児が動物の身体表現をしたいと感じる絵本である。

『ぴょーん』と『てんとうむし　ぱっ』は，動きがある絵本である。1ページ目に登場する蛙やてんとうむしが，2ページ目で劇的なジャンプをする。さらに，次々と出てくる動物や虫がジャンプをしたりしなかったりという展開で，躍動感あふれる絵本である。写真2は，登場人物になりきり，思いっきりジャンプをしている子どもたちである。

『きょうのおべんとう　なんだろうな』では，ピクニックに出かけた大小さまざまな動物や虫たちが各自のお弁当を抱え「きょうのおべんとう　なんだろうな」と楽しそうに言い，最後にみんなでお弁当を食べる。筆者には「きょうのおべんとう　なんだろうな」が歌を歌っているように聞こえる。保育者が鼻歌のような歌を考えて，歌ってみてもよいと思う。また，大小さまざまな動物たち

写真1 『できるかな？　あたまからつまさきまで』

写真2 『ぴょーん』

絵本の登場人物になりきっている幼児

が出てくるので，それを幼児は全身で表現することができるだろう。

(2) 顔による表現ができる絵本

『かお　かお　どんなかお』(柳原良平作・絵，こぐま社，1988年)

この絵本では，単純なつくりの顔が登場し，笑った顔，怒った顔，困った顔，いたずらな顔，など次々と表情を変えていく。ページが進むと同時に，幼児等も表情を真似するだろう(写真3～5参照)。

また，嬉しい顔，怒った顔などさまざまな表情に簡単な音楽を付けてみるのも面白いだろう。

(3) 自然の音への興味・関心につながる絵本

『ゆめ　にこにこ』(柳原良平作・絵，こぐま社，1998年)

「かおじゃぶじゃぶ，はみがきごしごし」で始まるこの絵本では，日常生活の音，風や雷など自然の音，本当は音がしない月や夢の音が取り上げられている。幼児は「かおじゃぶじゃぶ」等に合わせて身体表現をするだろうし，この絵本がきっかけとなり，自然や身近なものの音に興味や関心を抱くことになるだろう。さて，雪は実際には音を発しない。しかし，日本人は「雪がしんしんと降る」という表現をしたり，歌舞伎では雪が降る音として大太鼓の音が使われたり，本当は音がしないものに音を感じてきた。日本人はそのような音感覚をもっていたといわれている。幼児もまた，私たち大人が聞こえない音を想像することもできるだろう。そう考えると，これは音に関する奥深い絵本である。

(4) 音を想像できる絵本

『ころころころ』(元永定正作・絵，福音館書店，1984年)
『がちゃがちゃ　どんどん』(元永定正作，福音館書店，1990年)
『もこもこもこ』(谷川俊太郎作・元永定正絵，文研出版，1977年)

『ころころころ』では，カラフルな色玉が転がっていく様子が描かれている。色玉は階段や坂道，滑り台等いろいろな場所を転がり，さらには嵐や雲の中を転がり，最後のページで止まる。「ころころころ　かいだんみち」「さかみち　ころころ」など情景描写の文字が非常に少ない。しかし，シンプルな響きだからこそ，いろいろな「ころころ」が聞こえる。激しい「ころころ」やのんびりした「ころころ」，緊張感あふれる「ころころ」などである。「このページはどんなころころ？」などと問いかけながら，幼児の声での表現を引き出すことができる。

『がちゃがちゃ　どんどん』は「がちゃがちゃ」ではじまり，『もこもこもこ』は「しーん」ではじ

写真3　おこったかお

写真4　いたずらなかお

写真5　あまいかお

絵本に描かれた表情を表現する幼児

まるが，ともに音の世界を描いた絵本である。両方の絵本には，人間や動物といった具体的な形のものは登場しない。『がちゃがちゃ　どんどん』では，まっすぐな線やぐにゃぐにゃした形に「がちゃがちゃ」「ぴん」「どすん」などの擬音が付けられている。絵を見せながら「がちゃがちゃってどんな感じに聞こえる？」と幼児に問いかけると，口を大げさに動かしながら「がちゃがちゃ」などと表現するだろう。同時に，幼児等は身体での表現も行ったりもするだろう。これらの絵本では，音を想像し，再現するという表現と身体での表現を同時に行うことができる。

(5) 歌える絵本

『月ようびはなにたべる？』（エリック・カール作，もりひさし訳，偕成社，1994年）

『はらぺこあおむし』（エリック・カール作，もりひさし訳，偕成社，1976年）

『できるかな？　あたまからつまさきまで』（エリック・カール作，くどうなおこ訳，偕成社，1997年）

『たまごのあかちゃん』（かんざわとしこ文，やぎゅうげんいちろう絵，福音館書店，1993年）

『のぞいてごらん』（accototo作，イースト・プレス，2009年）

ここにあげた絵本は，歌って楽しむことができる。『月ようびはなにたべる？』は，エリック・カールがアメリカのわらべ歌を題材に絵を描き，絵本として出版したものである。日本語訳の絵本も，同様に歌えるようになっており，楽譜が絵本の巻末に掲載されている。『はらぺこあおむし』と『できるかな？　あたまからつまさきまで』は，新沢としひこが絵本に曲を付けており，楽譜とCDが出版されている[(1)]。これらは，歌を歌って楽しむだけでなく，発表会等にも応用できる。『できるかな？　あたまからつまさきまで』は，動物の衣装やお面を製作して，各動物の動きを表現したりできるし，『はらぺこあおむし』はミュージカルのように演出することもできる。

『たまごのあかちゃん』と『のぞいてごらん』は，長年幼児の音楽教育に関わってきた筆者が作曲したものである。楽譜は本書の102～103，114ページに掲載している。絵本を開いて歌ってもよいし，身体表現の導入として使用することもできるだろう。　（森　みゆき）

注

(1) 楽譜は『いっしょにうたおう！　エリック・カール絵本うた　ソングブック』（コンセル，2007年），CDは『エリック・カール　絵本うた　CD』（コンセル，2001年）

2. 絵本と言葉と幼児

ここまで，絵本から広がる幼児のさまざまな表現を引き出す具体的な方法を述べてきたが，ここでは，幼児にとっての絵本，さらには絵本と言葉の関係について考えてみたい。

2017（平成29）年告示の「幼稚園教育要領」「保育所保育指針」における領域（言葉）の中で，絵本や紙芝居といった物語，言葉遊びが子どもの言葉を育てる方法として推奨されている。なぞなぞやしりとりといった言葉遊びは，子どもたちの主体的な活動が中心となって展開されるが，絵本や紙芝居は保育者や親が中心的に読み進める活動であり，どちらかというと子どもたちの活動は受動的といえる。もちろん，子どもたちは絵本や紙芝居を読んでもらっている間，自由に想像力を働かせているわけであるが，言葉遊びに比べると子どもたちの言語面に関する活動は消極的といえる。

しかしながら，絵本や紙芝居の中にはさまざまな言語刺激が含まれるため，これらを活用した言語活動を展開した例もある。例えば，安村（2013）では紙芝居を読んだ後に，お話に関する簡単な質問を子どもたちに問いかけたり，お話に出てくる言葉の意味を子どもたちに尋ねる活動を展開している。また，紙芝居の絵をバラバラに並べ，お話の流れにそって並び替える活動を展開している。こうしたやり方は絵本でもできると思うし，87ページで記載されているやり方をとっても面白い。絵本『ぴょ～ん』を使って身体活動をしたり，絵本の文章を音楽として歌うのも子どもたちにとって楽しい活動だろう。

こうした活動こそ「幼稚園教育要領」「保育所保育指針」が目指す「子供たちの主体的な活動」を促す取り組みといえるし，また，言語の習得面においても，絵本を見たりお話を聞いたりする活動の他，体を使ったり音楽を取り入れた活動は，多感覚指導法として有効といわれている。

絵本はただ子どもたちにとって読み聞かせるだけでも十分楽しく有用なものであるが，音楽や身体活動を組み合わせるとまた別の魅力があるに違いない。（安村由希子）

引用文献

安村由希子「聞き取り能力の向上に向けて」『埼玉純真短期大学研究論文集／埼玉純真短期大学 編』(6)，2013年，pp.41-46

3. 英語の絵本について

87～89ページに紹介している絵本のうち『できるかな？　あたまからつまさきまで』『ね，ぼくのともだちになって』『月ようびはなにたべる？』『はらぺこあおむし』の4冊は，エリック・カールの作品で，原作は英語で書かれている。彼の絵本は，世界のいろいろな国の言語に翻訳され，世界中の子どもたちに愛されている。ここでは，まずエリック・カールを紹介しよう。

エリック・カールは1929年，アメリカ・ニューヨーク州で生まれた。1935年6歳の時に両親の祖国である西ドイツに移住し，1946年から4年間，シュトゥットガルト造形美術大学で学んだ。卒業後はアメリカに戻りニューヨーク・タイムズのグラフィックデザイナーとして活躍。1968年に絵本『1．2．3どうぶつえんへ』を発表し，ボローニャ国際児童図書展グラフィック大賞を受賞した。それ以来，世界中で親しまれる絵本作家として活躍中である。代表作には『はらぺこあおむし』『くまさんくまさんなにみてるの？』『パパ，お月さまとって！』など多数。また2003年には長年にわたる児童書への貢献により，ローラ・インガルス・ワイルダー賞を受賞している（ワイルダーは『大草原の小さな家』の著者でもある。この賞は2018年に「児童文学遺産賞」と改名された）。

日本にも数回，来日しており，親日家でもある。また，2002年にはアメリカ・マサチューセッツ州に「エリック・カール絵本美術館」を創設し，カール作品だけなく，国内外の優れた絵本の原画を幅広く収集して，絵本に関するさまざまな展覧会を開いている。

アメリカに旅行する機会があれば，ぜひ，足を運んで原画を見てほしい！

次に英語の絵本について紹介しよう。英語の本というとちょっと敷居が高い気がするかもしれないが，一度手に取ってみてほしい。なじみのある絵本なら話の内容もわかっており，気軽に読めるであろう。絵を眺めながら英語をみると，なるほど，こんな風に表現してあるのだなあと感じるはずである。エリック・カールの絵本は英語も楽しむ本としてうってつけだ。同じ言葉を繰り返しながらさまざまな登場人物（動物）たちが躍動していくものが多い。眺めているうちに，英語の絵本も親しみをもってページをめくること請け合いである。

エリック・カール以外にも素晴らしい作家がたくさんいる。例えば，オランダ生まれのレオ・レオニ。エリック・カールを見出した人でもある。彼の代表作『スイミー―ちいさなかしこいさかなのはなし』は多くの人が読んだことがあるだろう。ここでは『じぶんだけのいろ』（*A Color of His Own*）を紹介する。主人公は，なぜ他の動物と違って自分には自分の色がないのだろうかという悩みをもっているカメレオン。この絵本は自分だけの色を探しているカメレオンが本当の友達を見つける話である。同じ表現の繰り返しと美しい色彩のコントラストが見事。

次はイギリス・ロンドン生まれのトニー・ロス。リトルプリンセスシリーズの第1作である『おまるがない！』（*I Want My Potty! : A Little Princess Story*）を紹介する。おむつからおまるに替えて，おまるがお気に入りになったプリンセス。ある日，大事な時に…おまるがない！　キュートなプリンセスの表情とユーモラスなイラストが魅力である。英語は語数も少なく大変読みやすい。

ドン・フリーマンの『くまのコールテンくん』(*Corduroy*) も人気のある作品であろう。デパートのおもちゃ売り場で自分を家に連れて行ってくれるお客さんをじっと待っているくまのコールテンくん。ある日，お母さんとデパートにやってきた女の子がコールテンくんを気に入ってくれたのに，ボタンが取れていたために買ってもらえない。コールテンくんは夜のデパートでなくしたボタンを探すが……。英語は，これまで紹介した作品の中では文字数が少し多いが，基本単語を多く使用してあるためそれほど難解とは感じないはずである。また，温かみのあるイラストが理解を十分に補助してくれるであろう。

最後に，大人向けの絵本として，ちょっと刺激的な『どこいったん』(*I Want My Hat Back*) を紹介しよう。カナダ生まれのジョン・クラッセンは1981年の生まれ。すでにコルデコット賞を受賞しているなど今後も大いに期待されている作家である。また翻訳本は長谷川義史によるリズミカルな関西弁で表現されており非常に楽しいものに仕上がっている。こちらも一読に値する。ストーリーは，主人公であるくまが自分の帽子を探してさまざまな生き物に聞いてまわるのだが，あれ？ さっきどっかで見かけたよね…？ 登場人物（動物）たちのつかみどころのない表情とセリフがユーモラス。英語は同じ表現の繰り返しと基本単語を使用しているため，気楽に読めるはずである。エンディングは読者の想像におまかせ。一度読んだらジョン・クラッセンの魅力から抜け出せないかも！

さあ，あなたのお気に入りの作家・作品を見つけよう。 （市川文子）

参考文献

The Official Eric Carle Web Site http://www.eric-carle.com/home.html（2018 年 10 月 1 日閲覧）

レオ・レオニ作，谷川俊太郎訳『スイミー―ちいさなかしこいさかなのはなし』好学社，1969 年

レオ・レオニ作，谷川俊太郎訳『じぶんだけのいろ』好学社，1978 年 (Leo Lionni, Alfred A. Knoph, *A Color of His Own*, 1975.)

トニー・ロス作，金原瑞人訳『おまるがない！』偕成社，1993年 (Tony Ross, *I Want My Potty ! : A Little Princess Story*, Andersen Press, 1988.)

ドン・フリーマン作，まつおかきょうこ訳『くまのコールテンくん』偕成社，1975 年 (Don Freeman, *Corduroy*, The Viking Press, 1968.)

ジョン・クラッセン作，長谷川義史訳『どこいったん』クレヨンハウス，2011 年 (Jon Klassen, *I Want My Hat Back*, Candlewick Press, 2011.)

第9章
音楽表現の内容と指導法Ⅰ

1．はじめに

音楽という言葉から私たちが思い浮かべるのは，クラシック音楽やポピュラー音楽を聴いたり，楽器で演奏したり歌ったりというイメージではなかろうか。それは生活に潤いをもたらし，時には人生の糧にもなるといえる。

では，幼児にとって音楽とはどういうものなのだろうか。音楽の捉え方において，成人と何か違いはあるのだろうか。本質的に変わらない部分もあるだろうし，幼児特有の側面も存在するかもしれない。幼児特有の表現があるとすれば，保育者は，何気なく思っている音楽のイメージを拡大する必要に迫られることになる。本章では，これらを考慮し，実践法を考察することによって，音楽に対する保育者自身の見方を幼児の範囲へと広げ，幼児の表現を支援する方法を探っていく。

2．領域「表現」における音楽表現

幼児の音との関わり方を領域「表現」がどのように捉えているのかについて，まず「幼稚園教育要領」(以下，要領) と同解説に沿って考えてみたい。領域「表現」の「内容」において，音について直接述べた部分を以下に引用する（本章において，下線はすべて筆者による)。

(1) 生活の中で様々な音，形，色，手触り，動きなどに気付いたり，感じたりするなどして楽しむ。

(4) 感じたこと，考えたことなどを音や動きなどで表現したり，自由にかいたり，つくったりなどする。

(6) 音楽に親しみ，歌を歌ったり，簡単なリズム楽器を使ったりなどする楽しさを味わう。

(6)：上の3項目の中で，成人が考える一般的な音楽に最も近いものは (6) であろう。歌を歌ったり楽器で音を出したりすることは，成人にも幼児にも同じく大切な楽しみである。目の前で保育者が楽しそうに歌えば，まねて幼児も歌い出す。この幼児の表現において，何を大切にすればよいのだろうか？　それは「正しい発声や音程で歌うことや楽器を正しく上手に演奏することではなく」「幼児が思いのままに歌ったり，簡単なリズム楽器を使って遊んだりしてその心地よさを十分に味わうこと」（文部科学省，2018，p.240）だと要領解説は述べる。つまり，曲の再現だけでなく，幼児一人ひとりの内側からわき出てくる自発的表現が大切にされており，そこに第一の幼児特有の側面がある。

(4)：幼児が歌っているときの，歌い方や動きに注目したことがあるだろうか？　動きをあらかじめ決めていなければ，あるいは決めてあるときでさえ，幼児は自分の感じるままに動くことがしばしばある。また歌い方にも大いに独自性が現れる。これらについて要領解説は，次のように述べている。「幼児は，感じたり，考えたりしたことを身振りや動作，顔の表情や声など自分の身体そのものの動きに託し（中略）自分なりの方法で表現している」。このとき，歌と動きなど異なる表現が統合された「未分化な方法でなされることが多い」（文部科学省，2018，p.238）。そこに第二の幼児特有の側面がある。

(1)：下線部の「様々な音」とは何だろう？　これには (6) でいう音楽だけでなく，「身近な人の声」（文部科学省，2018，p.235）あるいは「風の音や雨の音」（文部科学省，2017，p.18）など，日常生活の環境内にさりげなく存在する音が含まれる。これらすべてが刺激となって受け止められ，幼児の中に反応が生じていくことで発達が促されるのである。

領域「表現」の「内容」にはこのほか，環境内の多様な素材に関わる次の項目がある。

(5) いろいろな素材に親しみ，工夫して遊ぶ。

(5) について要領解説は「幼児は，思わぬものを遊びの中に取り込み，表現の素材とすることがある。（中略）遊びの中で，例えば，紙の空き箱をたたいて音を出したり」するような「素材に関わる多様な体験は，表現の幅を広げ，表現する意欲や想像力を育てるうえで重要である」（文部科学省，2018，p.239）と指摘している。身の回りの素材は無限である。これを幼児が見出し，自由に楽器に変えていく創造性には，第三の幼児特有の側面がある。

このように考えると，幼児の音の世界は，**図9-1**のように捉えることができる。この図から，曲の演奏や鑑賞という枠組みから大きく広がった，幅のある音楽観が求められるこ

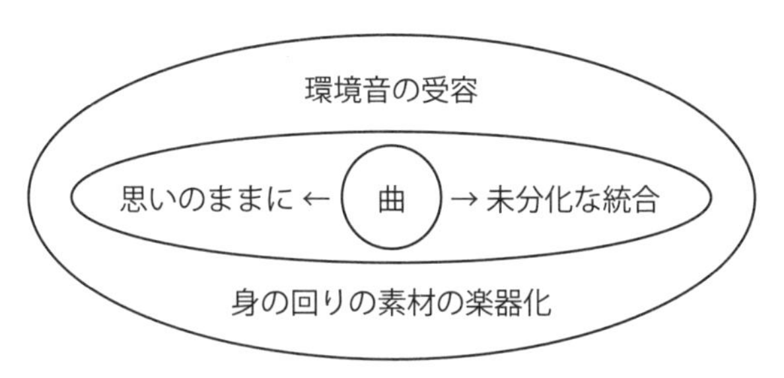

図9-1　幼児が関わる音の広がり

とがわかる。そのため，幼児の表現に対して完成を求めるのではなく「表現する過程を大切にして自己表現を楽しめるように工夫すること」（文部科学省，2017，p.18）に保育者が留意するよう，要領には示されているのである。

3．幼児が行う音楽表現の特質にもとづく実践

本節では，**図9-1**に示した幼児の音楽表現にみられる特質やそれを活かした実践について，具体的に扱っていく。幼児に特有な広がりのある音楽表現が展開されるためには，純粋な音楽だけでなく，音楽を遊びとして楽しむことが大切である。

（1）未分化な統合性

ここでいう未分化とは，前節で述べたように，歌と動きなどの異なる活動が，幼児においては別々にではなく同時に現れやすいことを指している。つまり，まだ十分に分かれていないのである。ここでは他に，歌と打楽器類，歌と物語，音と絵を取り上げる。これらは各々の活動がまだ分かれていないという意味では未分化であり，一体化したまま自然に現れるという意味では統合的ともいえる（曽田，2016a，p.134）。

① 歌と動き

〈実践〉「アイアイ」

幼児が「アイアイ」（相田裕美作詞，宇野誠一郎作曲）（神原・鈴木，2010，p.61）の歌をまだ知らないとき，保育者と一緒に初めて歌う場面を想定し，保育者役と幼児役に分かれて実践してみよう。幼児は基本的に楽譜を用いず，保育者の歌や表情につられて「歌いたいなあ」という気持ちで模倣しながら次第に歌を覚えていく。そして歌とともに，おさるさんの様子を皆が顔の表情や身体の動きで表し合ううちに，さらに歌になじんでいくであろう。独自な動きを考え出した幼児がいれば，積極的に評価の声かけを行いたい。成人が音楽に合わせて身体を動かす場合，どちらかと言えば意図的であることが多いのに対して，幼児ではより自然に遊び的な動きとなって現れるといえよう。

ここで考えたいのは，保育者役のとき，始めから伴奏を行うかどうかである。音の高さを知るために，常に伴奏が必要という考え方もあるかもしれない。しかし，幼児にとって初めての歌である場合は特に，その歌がまず立ち現れるのは保育者の身体からである。したがって保育者は，豊かな声・表情・全身の動きで，幼児と近くで向き合う必要があるが，ピアノを弾きながらそれを行うことはむずかしい。伴奏は，幼児が歌をある程度覚え，おさるさんになって自在に動き始めてから加えればよいのではなかろうか。

② 歌と打楽器類

〈実践〉「おんまはみんな」

リズミカルな音楽を聴いたり歌ったりしながら，幼児が自然と簡単な打楽器や身の回りの物をたたき出す様子はしばしばみられる。歌に打楽器のリズムを重ね始めた幼児に合わせて，他の幼児たちもいろいろな打楽器で加わり，いつの間にか遊びとして合奏が成立したという保育現場の事例が報告されている（黒川・小林，1999，pp.60-64）。

このような活動を体験するために「おんまはみんな」（中山知子日本語詞，アメリカ民謡）（神原・鈴木，2010，p.94）など，リズミカルで情景が思い浮かびやすい歌を歌ってみよう。「パッパカ」の箇所を始めとして，打楽器のリズムを加えたくなるのではないだろうか。すでに引用したように，環境に存在する使用済みの日用品や廃材などの「思わぬもの」も，幼児にとっては打楽器になる。「パッパカ」を表現できる素材を身の回りで探索してみよう。お椀，プラスチックの各種カップ，空き缶，ペットボトル，発泡スチロールなど，多数見つかるはずである。いろいろな「パッパカ」を見つけることが喜びになるので，リアルさよりも素材の多様性が大切である。何でも音を生み出す環境を構成する素材になるので，使えそうなものは日頃から捨てずに取っておくと役に立つ。

③ 歌と物語

〈実践〉「森のくまさん」

物語性の明確な幼児の歌として「森のくまさん」（馬場祥弘日本語詞，アメリカ民謡）（神原・鈴木，2010，p.92）をあげることができる。幼児が保育者と一緒に，歌に含まれる物語を楽しむうちに，自然にこの歌を覚えていくことができる。したがって，幼児が歌と出会っていく瞬間の連続は，物語の体験そのものとなる。

この歌に出てくる役はくまさんとおじょうさんで，歌詞の1番ごとに主な役が割り当てられている。つまり，1番と5番がおじょうさんで，2～4番がくまさんである。幼児がこの歌をある程度覚えたら，くまさん役とおじょうさん役に分かれて，歌いながら物語に沿ったごっこ遊びに発展しうる。

④ 音と絵

〈実践〉図形楽譜

音を聴いて思い浮かんだものは，絵に表すことができる。反対に，絵を見て感じるままに音で表すこともできる。音と絵を自在に行ったり来たりして遊んでみよう。

音→絵：例えば，スーパーボールを鍋の中で弾ませるとどんな感じではねるだろうか。はねる音を絵に描いてみよう。

絵→音：絵を見てそのイメージを音にしてみよう。このとき，絵は楽譜の役割を果たしているので，図形楽譜と呼ばれる。イメージしやすい形がいろいろ入った絵だと楽しい。音にするために，楽器，身の回りの物，自分の声や身体など，何でも使うことができる。絵に含まれるそれぞれの形を分担し，ふさわしい音を探して合奏してみよう。絵の形をそのまま素直な気持ちで音にすればよいので，旋律の形をとる必要はない。そこに生まれる音そのものを楽しもう。安田他（1990）には，幼児のための図形楽譜が多く例示されている。

ここまで実践してきた，歌や音と他の活動との統合的なあり方をまとめると，**図9-2**のようになる。この他，未分化というよりむしろ組織だった歌遊びになってくるが，歌いながらゲーム的な遊びをすることも統合的なあり方ということができる。

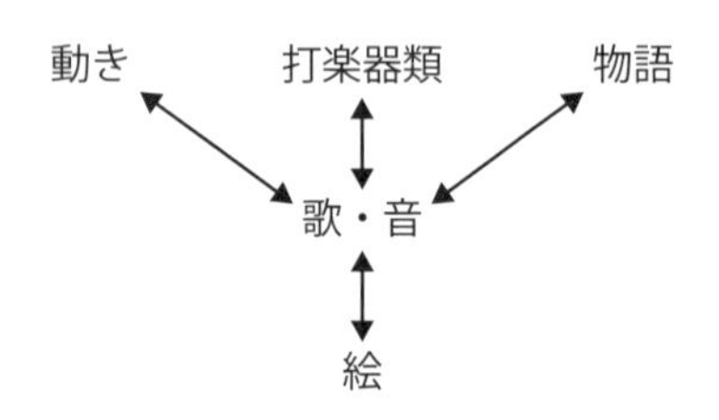

図9-2　幼児の音楽表現の統合性

（2）思いのままの即興表現

① オノマトペの即興化

〈実践〉幼児のための歌には，オノマトペつまり擬音語を含むものが数多くあるので，どれだけあるのか探して，それらを表現してみよう。その種類としては，動物の音，植物の音，その他の音に分けることもできる。「ピクニック」（萩原英一日本語詞，イギリス民謡）（神原・鈴木，2010，p.70）の場合，「ガガガガァ」と鳴くアヒルさんや「メーーエ」と鳴くヤギさんに幼児はなることができる。実際にヤギの声を聴くと，必ずしも「メーーエ」とは聞こえない個性的な鳴き方にも出会うのだが，幼児にとっては「メーーエ」こそがヤギであり，どのような調子で自分自身が「メーーエ」と鳴くかが一大関心事なのである。つまり「ピクニック」の中で幼児が即興的に繰り広げる「ガガガガァ」や「メーーエ」は，歌であると同時にごっこ遊びでもある（曽田，2016b，p.6）。保育者は幼児とともに，思いのままに表現し合いたいものである。

② 鼻歌の自発的表現

日常生活の中で，幼児が一人で何かしらつぶやいているのを見かけないだろうか。よく聴くと，それは歌のようでもあるが，歌かどうか定かでない独自なスタイルのことも多い。成人も鼻歌を歌うことはあるが，すでに存在する歌の場合が多いのではなかろうか。

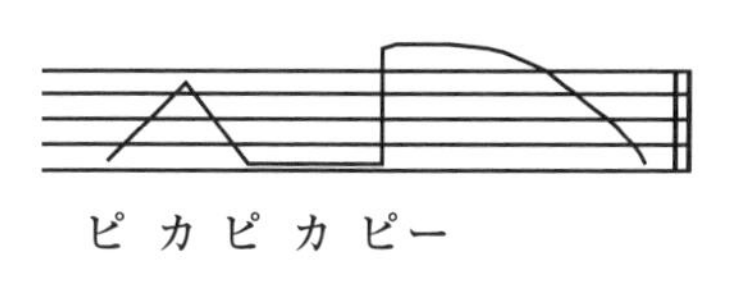

図9-3 鼻歌図形楽譜の例

旋律があいまいな幼児の鼻歌を，その場ですぐに記録するためには，通常の楽譜よりも図形楽譜の方が容易である。**図9-3**のように，言葉を書き，その上に対応するおよその音の高さを線で書いていけばよい。五線紙を使う必要はないが，言葉と音高はタテにきっちり揃える。これによって，正確ではないかもしれないが，他の人でもかなりの程度再現可能な楽譜ができる（曽田，2016a，p.133）。**〈実践〉**幼児の気持ちになって創作してみよう。

幼児が即興的に口ずさむ鼻歌は，そのときその場で心の奥から出てくる，最も自発的な生きた表現といえよう。また，必ずしも歌のようになっていなくても，つまり言葉のままであってさえ，幼児の表現がとても音楽的であり得ることを，大正から昭和前期の幼児教育学者として知られる倉橋惣三は次のように称えている。ぜひ一緒に味わってみたい（一部，現在の表記法に筆者が改めた）。

「一緒に花を見る。『きれいねぇ』という言葉は同じでも，子供のには響きがあり，わたしのには響きがない。あら，木の葉が散ってるという時でも，子供の言葉にはその葉と同じくひらひらとした動きがあり，わたしのにはそれがない。ただ，散っているという叙述だけである。（中略）朝の『おはよう』一つにしても，子供のは音楽で，わたしのは散文に過ぎない」（倉橋，1940，p.2）。

(3) 環境から誘発される音表現

① 園の音環境

要領が明記しているように，幼児教育は「幼児期の特性を踏まえ，環境を通して行うものであることを基本とする」（文部科学省，2017，p.3）。環境の中に必ずあるものは何だろうか？　どのような場であっても，音が必ず鳴っていることに気がついているだろうか。幼児は常に音の中で生活し，そして何らかの音を環境に向けて発している。それらを以下で分類してみたい（曽田，2016b）。

幼児の話し声や歌声は，園の音環境を構成する大きな要素であるが，逆に環境音は幼児が歌う音楽の中に入っている。つまり，すでに述べたように，幼児のための歌には，動植物など環境が生み出す音のオノマトペが多く取り入れられている。

次に，場所による違いを考えてみる。室内環境で保育者の伴奏にのせて歌う場合と，野外へ出かけて公園などで小鳥や木の葉の音とともに歌う場合とでは，幼児の表現は異なってくるであろう。そして，幼児の歌声はその環境自体を，思いがけず好ましいものに変えてくれる。

また，一般社会ではその場の雰囲気を作るための音楽としてBGMを用いることがあるが，保育現場の自由な時間の場合だと，身近にある微細な音に幼児が気づく機会を妨げるものとなることに留意する必要がある。これに対し，幼児に一定の行動を促すときの雰囲気作りとして保育者が弾く音楽などには，意義を認めることができるであろう。

そこで，園の音環境に対する幼児の反応を考えてみたい。園の特定の場所にある物や植物などから聴かれる特定の音に，幼児は自分なりのイメージを働かせて意味づけをする。例えば，ベランダの軒先にぶらさげてある竹細工が，そよ風に揺られて軽やかな音を立てるとき，幼児はどのような想像をめぐらせ，どのような反応をするだろうか。また，園舎の中でも，場所によってそこで生まれる音の感じは異なる。階段など響きの良い場所では，声を出して残響を楽しみたくなる。

〈実践〉 仮想の園環境を設定し，この場所にこのような物や仕掛けがあると，幼児がこんな音を楽しむだろうということについて考え，図に書いてみよう。また，それによって生じると思われる幼児の反応を予想してみよう。

② 環境を掘り起こす手作り楽器

「歌と打楽器類」で扱った「使用済みの日用品や廃材など」を用いて手作り楽器を作るとき，その素材は幼児にとって，同じジュースの容器でも自分が飲んだものであれば愛着がわきやすい。これらは普段身の回りの環境に埋もれているが，それを掘り起こし，幼児が音に変えることによって，世界は生き生きとよみがえる。

〈実践〉 作ることのできる楽器の範囲は年齢によって幅があるが，手作りカスタネットなどは作りやすく，また手軽にデザインを加える余地が多いこともあり，広く用いられているものの例である。例えば先ほどまでおやつを載せていた紙皿を真ん中で折り，両方の内側の端にペットボトルのフタを1つずつ，閉じたときうまく合わさるように貼りつければ，お手製カスタネットのできあがりである。お気に入りの絵を描いたり，色紙などを貼り付けたりして楽しもう。できあがったら，楽器だけで音を鳴らし合うのもよいし，歌いながら鳴らすのもよい。

〈実践〉 さまざまな種類の手作り楽器があれば，絵本を読みながら，各場面にふさわしい音をそれらの楽器で同時に入れていくと，豊かな音付き絵本物語を楽しむことができる。

4. 指導案

前節までに扱った内容を参考に，指導案を作成してみよう。

〈実践〉 導入は，これから行う活動について保育者が幼児に向かって事細かに説明するという形にならないよう留意し，簡潔な声かけと目に見える仕草や絵などによって，これから音で遊ぶためのきっかけを作るものと考えたい。そこから幼児自身の遊びたい気持ちが高まり，自然に展開に結びついていくよう心がけることが必要であろう。特に歌や器楽を一斉に扱う場合，演奏の正しさへ向けた練習にかたよらないよう気をつける必要がある。音で遊ぶという気持ちが自然にわいてくるように配慮しつつ，幼児の自発的な活動のさらなる広がりを予想し，それを支える保育者の援助内容を考えてみよう。

5. 発達上の意義と幼小接続

幼児が音楽表現を行うことには，発達の面から見てどのような意義があるのだろう。音楽的能力の発達だろうか，心の発達だろうか，身体の発達だろうか。おそらく，いずれの側面も含まれ，そしてこれらに限定もされないであろう。

音の高さを正しく認識し声に出す音楽的能力は，一般に4歳後半から徐々に発達するが，幼児期にはあまり正確な程度には至らないと言われる。これは，関連する脳の部位が未発達であることによる。このことは，幼児期には正確さにそれほどこだわる必要がないことを裏付けているのではないだろうか。もちろん，もし自然に正確になるのならば，それに越したことはない（曽田，2017，pp.4-7）。

では，心やそれと密接に関わる身体的発達の面はどうだろうか。受け身ではなく，自分がしたいことを積極的に行うことが脳の発達にとって重要だとされる。音楽表現を能動的にまねする遊びも，神経や脳機能発達を促すひとつの要因となり，安定した心へと向かう長期的な発達を助けるともいわれている（成田，2012；成田・田副，2010）。これらのことは，幼児の表現は自発的に思うままに行うことが大切であることを物語っている。

人間の発達は継続的なものなので，ここで小学校教育とのつながりについても視界に入れておく。

3-(3) で述べた環境音への着目は，小学校でも扱われており，身の回りにある自然や物の音の直接体験は，やはり基盤として大切にされている。しかし，小学校音楽は全体として，音の組み合わせという構造的側面に目を向けていく。これは，上で触れた脳や神経の発達に伴って，知的理解力が進むことによる。

また，小学校音楽の内容は，歌唱，器楽，音楽づくり，鑑賞に分かれている。このことからも，幼児の自然なあり方であった未分化な統合性が，小学校では分化の方向をとっていることがわかる。

このように，幼小はつながっていると同時に，発達に伴って方向性には変化が見出されるものでもある。**図9-1**で考えるならば，外へ広がっていた幼児の音との関わりは，小学校教育では中心へ向かい，「曲」へと収斂（しゅうれん）されていくといえる。

6．おわりに

幼児は常に何かを表現している。保育者は，幼児が表現する音をどう見ればよいのか，判断しかねることもあるかもしれない。成人のものさしと一致しないこともあるだろう。しかし，何も考え込むには及ばない。なぜなら，目の前の幼児が表現しているのは，幼児の生命そのものなのだから。

演習課題
作成した指導案をもとに，保育者役と幼児役に分かれて模擬保育を実施しよう。

引用・参考文献

・神原雅之・鈴木恵津子編『幼児のための音楽教育』教育芸術社，2010年
・倉橋惣三「子供の生活に音楽を感じて」『音楽教育研究』2（2），1940年，pp.2-4
・黒川建一・小林美実編『保育内容表現（第2版）』建帛社，1999年
・曽田裕司「保育の『表現』領域における幼児の『変化する音楽表現』への着目」『尚絅大学研究紀要人文・社会科学編』48，2016a年，pp.125-135
・曽田裕司「環境音楽の視点から見た保育の環境音―潜在する音楽の発見」『次世代育成研究・児やらい』13，2016b年，pp.3-10
・曽田裕司「心の基盤形成に資する音楽表現―音楽心理学と脳科学の知見を援用して」『次世代育成研究・児やらい』14，2017年，pp.3-11
・成田奈緒子『早起きリズムで脳を育てる―脳・こころ・からだの正三角形』芽ばえ社，2012年
・成田奈緒子・田副真美「リズム遊びを中核とする介入による幼児の生活習慣改善と脳機能発達への有用性の検討」『日本小児科学会雑誌』114（12），2010年，pp.64-73
・文部科学省「幼稚園教育要領」2017年
・文部科学省『幼稚園教育要領解説』フレーベル館，2018年
・安田寛・今村方子・田中照道『ガラクタ楽器の世界―子どものための音あそび集』音楽之友社，1990年

第10章

音楽表現の内容と指導法Ⅱ

1. 音や音楽で遊ぶ

「幼稚園教育要領」における領域「表現」では，豊かな感性をもち，感じたことを自分なりに表現して楽しむことを「ねらい」としており，その「内容」では「感じたこと，考えたことなどを音や動きで表現」したり「音楽に親しみ，歌を歌ったり，簡単なリズム楽器を使ったりなどする楽しさを味わう」ことを挙げている。さらに，要領解説では「幼児自らが音や音楽で十分遊び，表現する楽しさを味わうこと」が大切であると述べている（文部科学省，2018，p.240）。幼児の音楽表現の最も重要なキーワードは「音や音楽で十分遊ぶ」であろう。

さて，どのように音や音楽で遊んだらよいだろうか。この章は「2. 歌で遊ぼう！　動いて遊ぼう！」「3. リズムで遊ぼう！」「4. 音で遊ぼう！」という構成になっている。

「2. 歌で遊ぼう！　動いて遊ぼう！」では，絵本に曲をつけ，幼児が簡単に歌える歌を紹介している。音楽に親しむために歌唱として，あるいはリトミック等の身体表現（動き）の導入として使うことができる。ここでは，あえて具体的な方法は述べていない。さまざまな目的のために用いることができる曲として提示している。

「3. リズムで遊ぼう！」では，ごっこ遊びを通して音楽の要素（リズム，テンポ等）を動きで表現する方法を紹介している。このリズム遊びは，リズム楽器で楽しむ導入にもなる。

「4. 音で遊ぼう！」では，自然や身近な音に気づき，音そのものを楽しむ方法を取り上げている。2017（平成29）年告示の「幼稚園教育要領」の「表現」の「内容の取扱い」には，「風の音や雨の音，身近にある草や花の形や色など自然の中にある音，形，色などに気付くようにすること」という文言が追加された。簡単にいえば，楽器の音だけでなく，自然や身の回りの音も「音」であると気づいてほしいといっているのである。しかし，この取扱いが現場では非常に難しく捉えられているのではないかと心配している。ここでは「音」で遊ぶ簡単な方法をいくつか紹介する。

このように，音や音楽で遊ぶ方法を提示するが，あえて詳しい方法は説明していない。ここで紹介する方法は，日々の実践の導入として，あるいは主たる活動として取り入れることができよう。さらに，保育者が自分なりの方法を考える契機となれば幸いである。

引用・参考文献

・文部科学省「幼稚園教育要領」2017年
・文部科学省『幼稚園教育要領解説』フレーベル館，2018年

2. 歌で遊ぼう！　動いて遊ぼう！

『たまごのあかちゃん』かんざわとしこ文・やぎゅうげんいちろう絵，福音館，1993年

たまごのあかちゃん

作詞：かんざわとしこ
作曲：森 みゆき

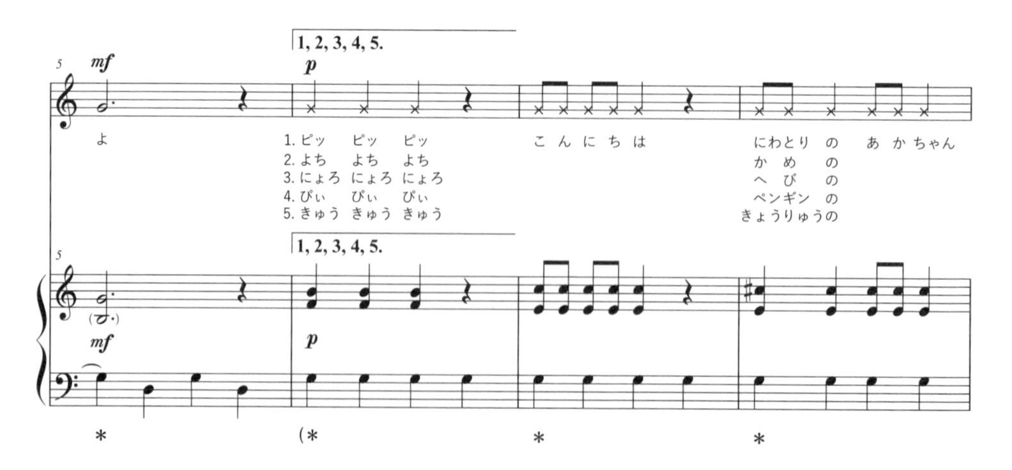

・簡単な伴奏にしたい時は、＊だけ弾いてみてはどうでしょう。もっと簡単にしたい時は各小節の1拍目の＊だけ弾くのもいいでしょう。

3. リズムで遊ぼう！

(1) リズム遊び《サンドイッチをつくろう》

➡巻頭カラーページ
● リズムで遊ぼう！
参照

【ねらい】

いろいろなリズムに親しむ。

【用意するもの】

フェルトや色画用紙等で作ったサンドイッチの材料
(パン2枚，ハム，レタス，チーズ，トマト，きゅうり)

【遊び方】

1．サンドイッチの材料を並べる。

2．「サンドイッチイッチイッチ」の歌詞に合わせて手をたたきながら歌う。

3．「(先生) パンをおいて」で先生がパンを1枚置き，「(子ども) パンをおいて」で子どもも同様の動作をする。

4．楽譜の ※「‾‾‾‾」では，下のように先生の言うリズムを子どもが真似をしながら，どんどん具材を積み上げていく。

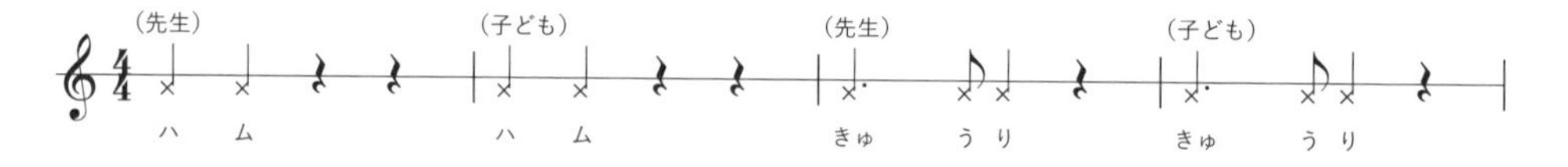

5．「パンをのせてできあがり」で，もう1枚のパンをのせ，サンドイッチを完成させる。

6．「いただきます」で食べるまねをする。

サンドイッチをつくろう

作詞・作曲：森 みゆき

・サンドイッチにはさむ具材のリズム。※でリズムをたたく。

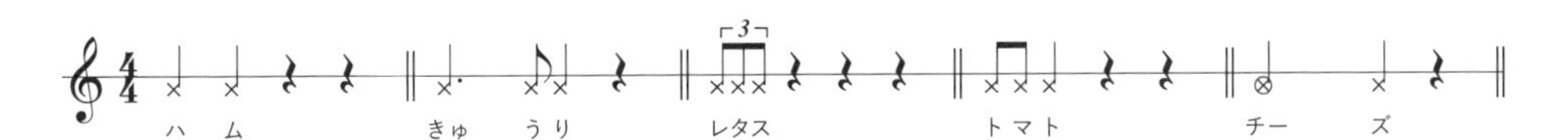

【応用編】

① リズム楽器の導入

リズム楽器で具材のリズムをたたく。カスタネット，タンバリン，ウッドブロック，大太鼓など。

② リズムの記憶

なれたら，※「- - - -」で先生は （ハ ム） とリズムだけをたたく（「ハム」と言わない）。子どもたちは「 （ハ ム） 」と歌詞を言いながらリズムをたたく。

③ リズム作り

新しい具材を考え，自分たちでリズムを考える。たまご，ポテトサラダ，シーチキン，いちごなど。

(2) リズム遊び《くだものやさんにおかいもの》

【ねらい】

いろいろなリズムに親しむ。音楽に合わせて動く。

【用意するもの】

・果物のおもちゃ。あるいは，厚紙に果物の絵をかいたもの。
（リンゴ，オレンジ，パイナップル，桃，さくらんぼ，ぶどう等）

・取っ手のついたカゴ

【遊び方】

1．先生は，机を果物屋さんに見立て，机の上に果物を置く。

2．「くだものやさんにいきました〜」の歌に合わせて，Aくんがカゴを持ち，座っている子どもたちの後ろを1周回る。

3．机に戻ってきたら，先生が「𝄞 $\frac{4}{4}$ ♩ ♩ ♩ 𝄽 ‖（り ん ご）」とリズムをたたき，Aくんも座っている子どもも全員で「𝄞 $\frac{4}{4}$ ♩ ♩ ♩ 𝄽 ‖（り ん ご）」とリズムをたたく。

4．Aくんはリンゴをカゴに入れ，Bちゃんと代わる。
（※座っている子どもの人数によっては，カゴを持った子どもが4小節間で元の位置に戻って来れない場合がある。その時は，もう一度繰り返して歌うか，「なにをなにをかおうかな」の部分を繰り返して歌ってもよい。）

【応用編】

① 速度や強弱の変化を感じる

「急いでいるお母さんのお買い物（速く）」「亀さんのお買い物（遅く）」「ぞうさんのお買い物（大きく）」など，速度や強弱，ニュアンスを変えてみる。

② リズムの記憶

なれたら「※ - - - -」で先生は「𝄞 $\frac{4}{4}$ ♩ ♩ ♩ 𝄽 ‖（（り ん ご））」とリズムだけをたたく（「りんご」と言わない）。子どもたちが「𝄞 $\frac{4}{4}$ ♩ ♩ ♩ 𝄽 ‖（り ん ご）」と歌詞を言いながらリズムをたたく。

くだものやさんにおかいもの

作詞・作曲：森 みゆき

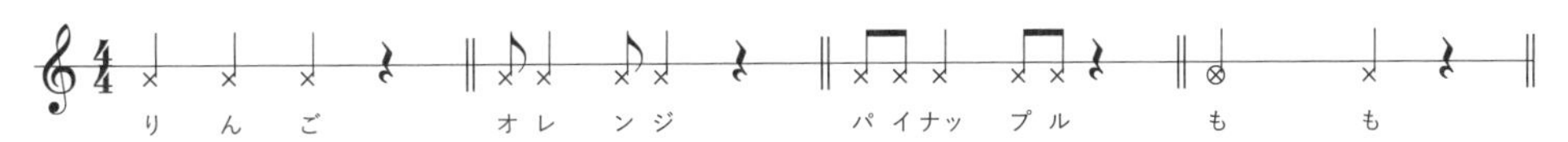

4．音で遊ぼう！

私たちの身の回りには，面白い音がするもの，意外な音がするもの等，素敵な音であふれている。子どもたちと音探しをしてみよう。

(1) 自然の中で

ぺんぺん草　　からすのえんどう　　タンポポ笛　　葉っぱ

(2) 身の回りのもので

ペットボトルや瓶　　風船ならし　　ストロー笛　　ホースならし

（※風船ならしは117ページ，ストロー笛は116ページに詳しい作り方等を掲載しています。）

(3) 自分の体も楽器になるよ

体のいろいろなところをたたいてみよう　　唇をふるわせてみよう　　膨らませたほっぺを押してみよう　　「アー」と言って手をパタパタしてみよう

いろんな音を合奏曲に入れてみました　110ページの《サーカス》

108ページで紹介したペットボトル，風船ならし，ホースならしやその他いろいろな手作り楽器を使って合奏曲を演奏してみませんか。これまでにない素敵な響きがして，聴いている人もびっくりする楽しい曲ができあがります。

《サーカス》は，ある認定こども園の年長児の園児と一緒に作りました。その年，サーカスが2か月間位にわたり公演されていたため，クラスの多くの子どもたちが見に行き，サーカスの話題で持ちきりでした。玉乗りの象，球体をまわるバイク，ピエロの帽子から次々と出てくる鳥に子どもたちの心は奪われていました。「どんな音がしたの？」という私の問いかけに，子どもたちは目を輝かせて「あのね，ビュービューって音がしてね」「ガーガーっていうあひるさんも出てきたんだよ」と話してくれました。それから，子どもたちと一緒に「ホースならしの音ってバイクの音みたい」「唇のぶるぶるぶるって音もエンジンの音みたいだよ」などとアイディアを出しながら，音の表現の世界を広げていきました。

《サーカス》はＡ，Ｂ，Ｃの３つの部分からなっています。Ａは歌唱，ＢとＣは歌唱と合奏です。Ｂは，玉乗りの象，球体をまわるバイク，ピエロの帽子から出てくる鳥たちが歌詞に歌われています。19小節目から25小節目までは，それぞれを表す楽器を自分たちで決めて，自由に演奏してほしいと思います。例えば，玉乗りの象の箇所では，象の大きさを表現するために大太鼓，玉乗りの不安定感を表現するためにウッドブロック，象のおならを表現するために風船ならし等です。どのように演奏するかも，子どもたちと先生が実際に音を鳴らしながら考えてみてはどうでしょうか。子どもたちの音と想像の世界がぐんと広がると思います。

サーカス

作詞・作曲：森 みゆき

A ♩=120 軽快に、おどけた感じで
うた
ピアノ
1. ぼ く ら の ま ち に やっ て き た サ ー カ ス が やっ て き た
2. そ れ か ら し ば らく たっ た ら ね テ ン ト ー が でき て た よ
3. お か あ さ ん ー が い っ た よ サ ー カ ス に あした い く よ
4. い よ い よ きょ う が やっ て き た サ ー カ ス に やっ て き た
サ ー カ ス って どん な も の
も の す ご く おお き く て
た の し み でも しか た な く
と っ て ー も ひろ く っ て
わ く わ く ド キ ド キ
わ く わ く ド キ ド キ
な ー に が あ る か な
ぼ く ー も い き た い
な か な か ねむ れ な い
は ー や く はじ まら ない かな

B
mf
mp
1. だ い の う え で ぞ う が さ か だ ち
2. あ か い バ イ ク わっ か で グ ル グ ル
3. ぼ う し も っ た ピ エ ロ で て き た
f
〈選択楽器〉※楽器や手作り楽器等、好きなものを自由に選んで演奏する。
自由に演奏する
1. ぼ く よ り じょう ず あ ん な に おもいのに
2. ど う し て おちないの ふ し ぎ で たまらない
3. どー こ に い た の ぼ う し に かくれてた
1, 2.
3.
1,2. つ ぎ は な に が で て く る の か な
gliss.

C
32
うた
ぼ く ら の ま ち に　やっ　て き た　サ　ー　カ ス　は　ゆ め の せ か い
ピアノ
鍵盤
ハーモニカ
木琴
鉄琴
小太鼓
大太鼓
ウィンド
チャイム
選択楽器

36
sub. p
ぼ　く　た ち　は　わ す れ な い
わ く わ く ド キ ド キ

わ く わ く ド キ ド キ
か が や く お も い で
こ の む ね
に
8va bassa

歌で遊ぼう！　動いて遊ぼう！ —もう１曲—

102ページの「歌で遊ぼう！　動いて遊ぼう！」で使える楽曲をもう１曲紹介しよう。『のぞいてごらん』はページに穴があいている。のぞくと，次のページに描かれたくさむらや土の中にいる虫や動物たちが見えるしかけになっている。子どもたちの想像力をくすぐる一冊である。

『のぞいてごらん』accototo 作，イースト・プレス，2009年

のぞいてごらん

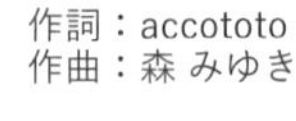

【歌ったあとに】

「のぞいてごらん，体のなか」「のぞいてごらん，やねの上」などと歌い，子どもたちの想像の世界を広げてみよう。子どもたちは「のぞいてごらん，○○○○」とどんどん替え歌をつくり，表現する面白さを追求するだろう。

コラム5

楽器作り―音楽と造形のコラボレーション―

領域「表現」の「内容」には，音楽表現，造形表現，身体表現，言葉による表現などさまざまな表現が含まれている。幼児にとっての表現は，音楽表現と身体表現が一体化していたり，それに言葉での表現が加わったりと，さまざまな手段による表現が入り混じっており，それこそが幼児の表現の特徴でもある。

ここでは，楽器作りを紹介しよう。幼児にとっての楽器作りは，作って鳴らすということで終わらない。それどころか，表現の世界への入口にすぎない。彼らは，自分が鳴らした音からイメージをふくらませる。「あひるの声みたい」「カエルみたい」「波の音に聞こえる」など，自分が感じたままに言葉で表現し，さらにそれを身体表現や造形表現に広げることができる。その後も，まだまだ幼児の表現は続く。「かえるのうたが聞こえてくるよ」を歌いながら，楽器を鳴らしたり，お友達と一緒にリズムを楽しんだりと幼児の表現の世界は果てしない。

ここでは，「1．楽器を作ってみよう」で楽器の製作，「2．造形的に表現を楽しもう」で造形表現，「3．歌を歌いながら楽器をならそう」で歌と楽器とのセッション，「4．音が出る原理はどうなっているの？」で楽器についてのミニ知識を取り上げる。ミニ知識では，小学校での学習につながるものも含まれている。1・3・4は本書の音楽担当の森みゆき，2は造形担当の坂本健（第7章担当）が執筆している。

なお，2で取り上げた作品は，幼児教育を専攻する学生が授業で作ったものである。

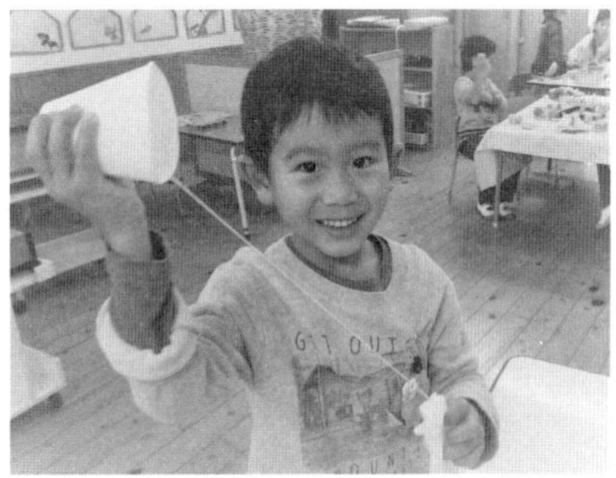

ガーガー紙コップ

風船ならし

輪ゴムの楽器

●ストロー笛●

1. 楽器を作ってみよう

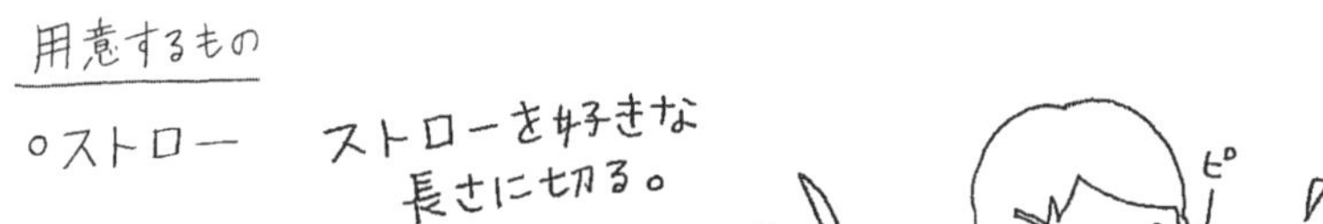

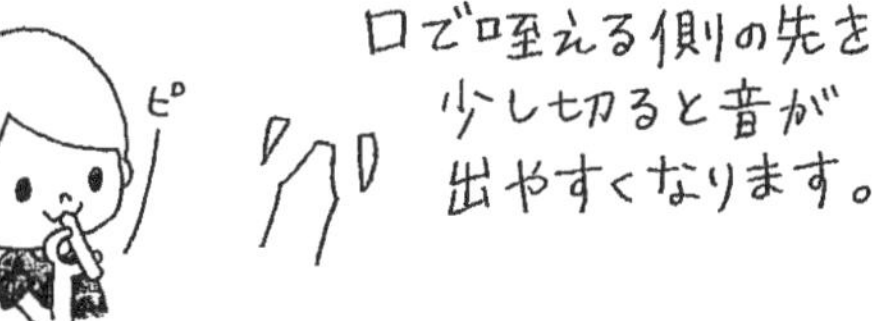

2. 造形的に表現を楽しもう

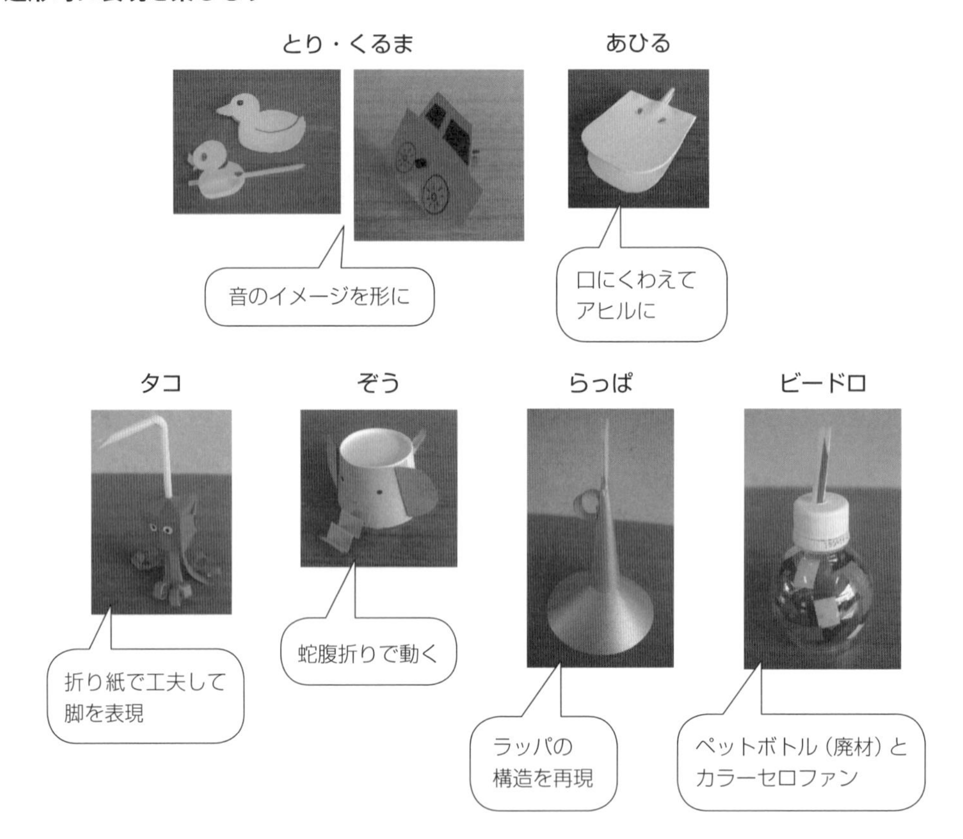

画用紙や折り紙が主に使われており，いろいろなアイディアがみられる。とり・くるまは聞こえる音のイメージをそれぞれ具体的な形であらわしており，音と造形を結びつけることができている。あひるは形こそ単純だが，口にくわえることでくちばしになるという秀逸なアイディアである。タコは折り紙で作られており，脚先を丸めることで自立でき，可愛らしい雰囲気が生まれている。ぞうは鼻の部分が蛇腹に折られていることにより，動かせる工夫がされている。らっぱを模した作品はあたかもらっぱを吹いているような感じになるだろうし，実際，音もよく響くのではなかろうか。ビードロは廃材であるペットボトルを利用し，カラーセロファンを貼り付けることで透明感が際立っている。

いずれも素材の特性をうまく活用して，造形に結びつけることができている。

3. 歌を歌いながら楽器をならそう

《ぞうさん》(まど・みちお作詞，團伊玖磨作曲)
《あひるの行列》(小林純一作詞，中田喜直作曲)
《はたらくくるま》(伊藤アキラ作詞，越部信義作曲)
《おどるポンポコリン》(さくらももこ作詞，織田哲郎作曲)　等

このように数曲の童謡をあげてみたが，子どもたちが「○○の歌を歌おうよ」という選曲を大事にしたい。

4. 音が出る原理はどうなっているの？

ストロー笛は，108ページのタンポポ笛と同じ原理で音が出ている。また，オーボエやファゴット，篳篥(ひちりき)(雅楽の楽器)も同じである。これらの楽器には，ダブルリード(篳篥では舌)という2枚のリードが付いている。息を入れることで，2枚のリードが振動して音が出る。

ふくらませた風船の口を両手でつまみ，少しずつ離すと「ピー」という面白い音がなる。実は，これもストロー笛と同じ原理で音が出ている。つまんで平たくなった風船の口がリードの役割を果たしているのである。筆者はこれを「風船ならし」とよんでいる。

筆者の知り合いの幼稚園の先生の話を紹介しよう。年長児が風船ならしを楽しんでいるのを見て，年少児のクラスでもやってみせたらしい。すると，子どもたちは目を丸くして驚き，その日から毎日のように風船ならしをせがまれるようになった。風船をふくらませるのは，体調の悪い日はきつい場合もある。それを子どもたちが察したのか，「先生，頑張って」と言って，ふくらましている最中に背中をさすってくれるのだという。

●ガーガー紙コップ●

1. 楽器を作ってみよう

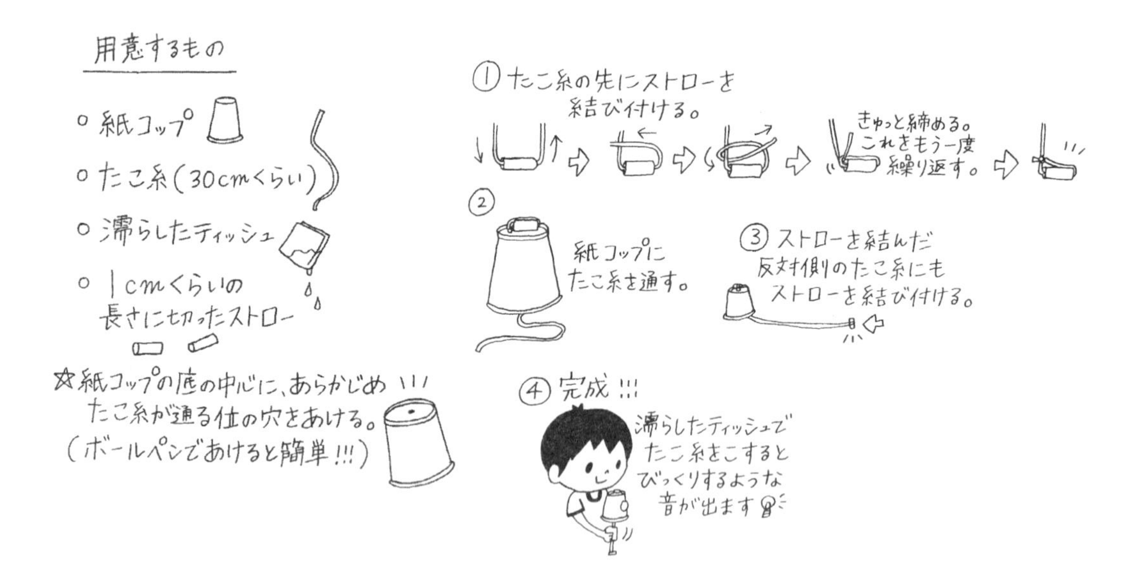

2. 造形的に表現を楽しもう

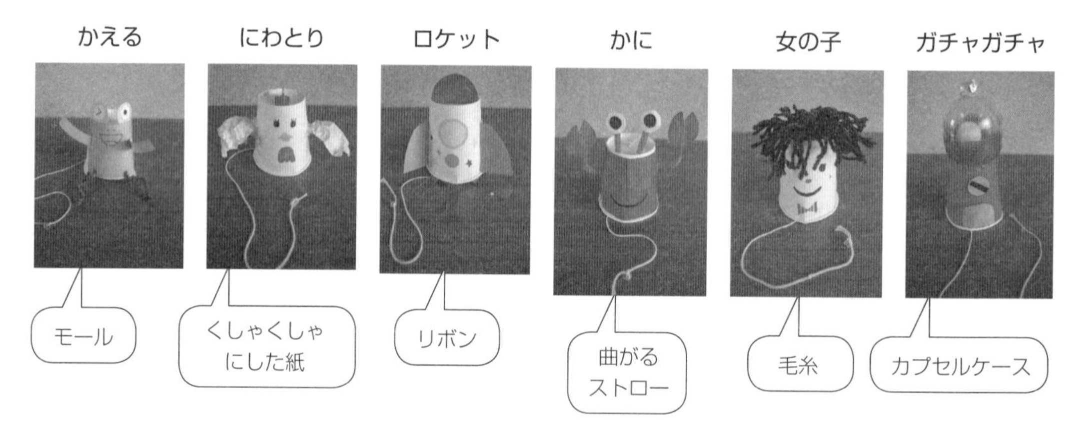

それぞれが，画用紙やマジックだけではなく，さまざまな素材を組み合わせて作ることができている。紙コップという素材とは違う質感を持つ素材を使うことで，アクセントにもなり，作品自体の持つ表情が豊かになっている。

かえるの足はモールを使うことで飛び跳ねそうな勢いを感じることができ，にわとりの羽は紙を一度丸めて利用することで，曲面を作り出し，柔らかさも感じられる。ロケットは下にリボンをつけることで噴射している様子が表現できている。かには曲がるストローの特徴を利用し，女の子の髪は毛糸で表現，音を出す度に髪が揺れて動くのではないだろうか。カプセルケースを利用した作品も面白い発想で，中に入れた球もカラフルで楽しげである。

振動の伝わり方も素材によって違うので，音にも変化が出て楽しむことができるだろう。

3. 歌を歌いながら楽器をならそう

《かえるのうた》（岡本敏明作詞，ドイツ民謡）
《あひるの行列》（小林純一作詞，中田喜直作曲）
《うちゅうせんのうた》（ともろぎゆきお作詞，峯陽作曲）　等

4. 音が出る原理はどうなっているの？

ガーガー紙コップは，紙コップに通した糸を振動させることで音が出る。その音が紙コップの中で増幅されて，大きな音になる。

これに似た楽器がある。クイーカという楽器を聞いたことがあるだろうか。ブラジルの楽器でサンバ等にも用いられる。絵のように，楽器の内側に棒がついていて，これをぬれたハンカチなどではさんでこすると，おもしろい音が出る。クイーカでは棒，ガーガー紙コップではたこ糸が振動することで音が出る。

ガーガー紙コップと同様の作り方で，たこ糸の代わりに竹串や割りばしを使うと，よりクイーカに近い形になる。しかし，幼児の場合，年齢によっては竹串等は危ないので，十分に考えて材料を選ぶ必要がある。

クイーカ

左の写真は，ある認定こども園の年長児がガーガー紙コップを初めて作った時の様子である。「ふしぎな音のひみつ」が紙コップの中にあるに違いないと思ったのだろう。いい着眼点である。その謎が解けるのは何年後だろうか。

右の写真は，ガーガー紙コップを発表会での合奏に取り入れた時のものである。これについては109 ページに述べているが，手作り楽器もタンバリンやカスタネット等の既製の楽器と同じように，合奏に積極的に取り入れていくとよいだろう。この時は，ガーガー紙コップの面白い音に観客席の子どもたちや保護者からも「うわぁ」という歓声があがった。

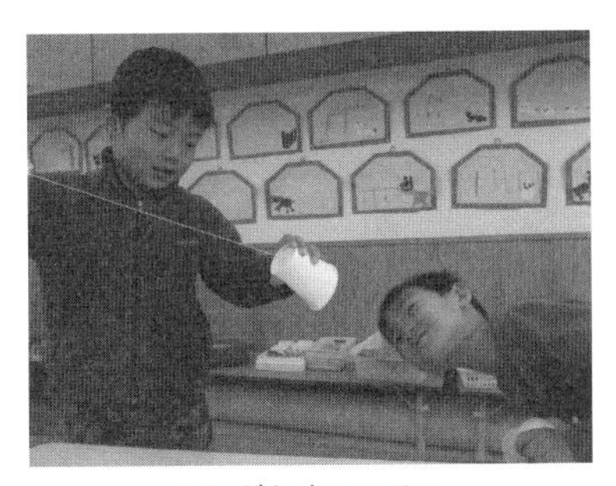
ふしぎな音のひみつ

発表会での合奏

●輪ゴムの楽器●

1. 楽器を作ってみよう

(1) 基本編

用意するもの

- ヨーグルトカップやティッシュケース
- 輪ゴム
- セロハンテープ

① 図のように、ヨーグルトカップに
輪ゴムを取り付ける。

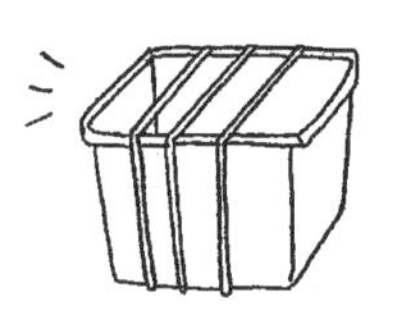

② 輪ゴムが外れたり、
ずれたりしないように
セロハンテープで
固定をする。
⇩
完成!!!

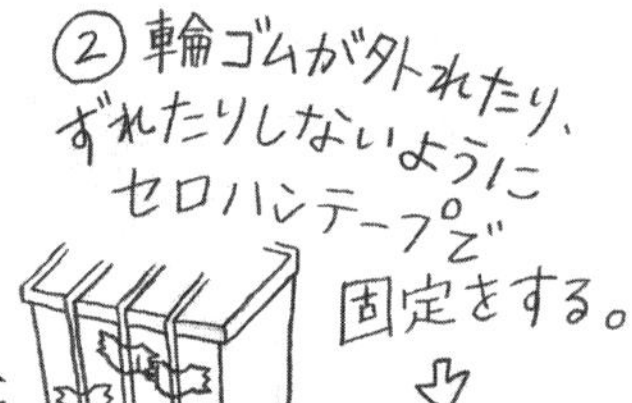

ティッシュの箱、ダンボール、
トイレットペーパーの芯など
いろいろなもので
作ってみると楽しいです!!!

(2) 応用編

用意するもの

- 箱
- 輪ゴム
- 輪ゴムが穴に通るビーズ

① 輪ゴムにビーズを通し、
端のほうで結ぶ。

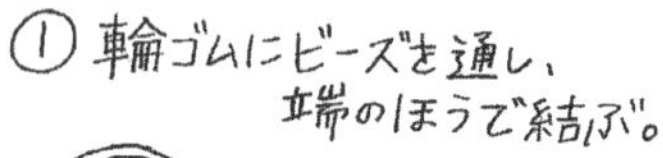

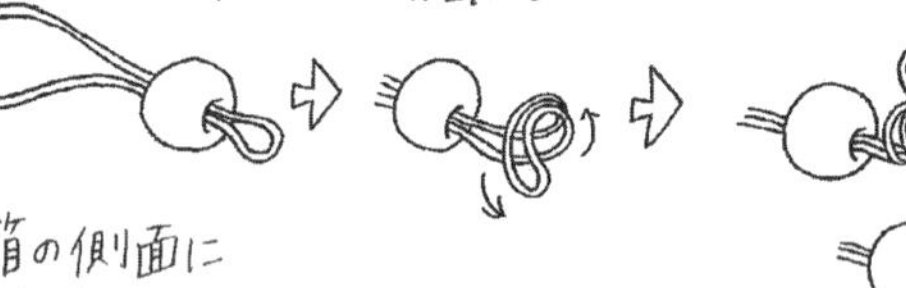

② 箱の側面に

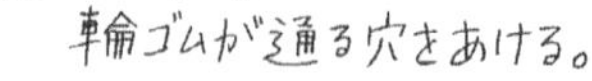

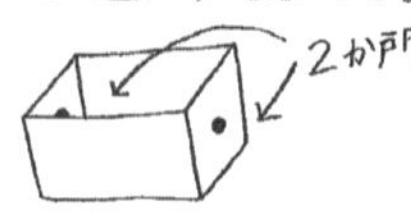

③ 図のように、Aの穴から
①の輪ゴムを通し、Bの穴から外へ出す。

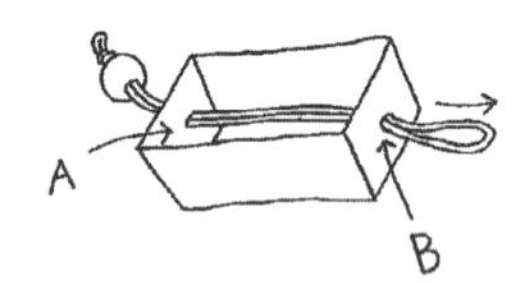

④ Bの穴から出た部分に
もう1個ビーズを通し、
ビーズが外れないように結ぶ。

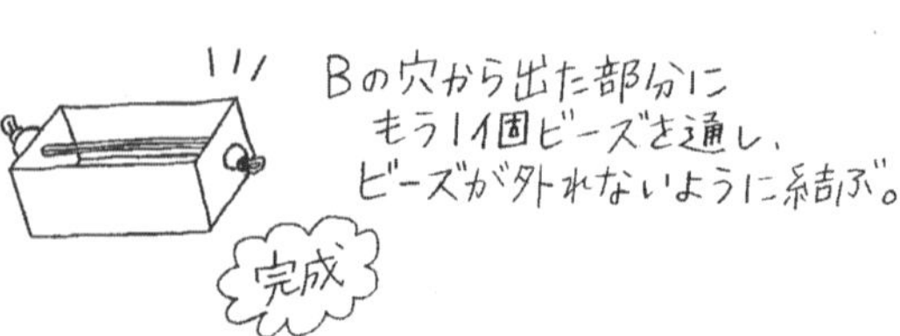

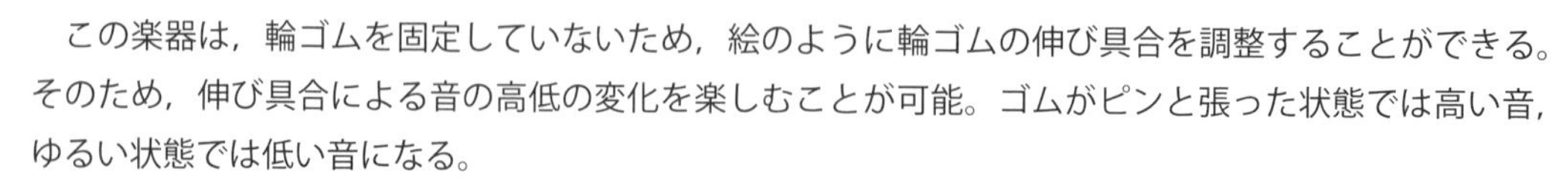

この楽器は，輪ゴムを固定していないため，絵のように輪ゴムの伸び具合を調整することができる。そのため，伸び具合による音の高低の変化を楽しむことが可能。ゴムがピンと張った状態では高い音，ゆるい状態では低い音になる。

2. 造形的に表現を楽しもう

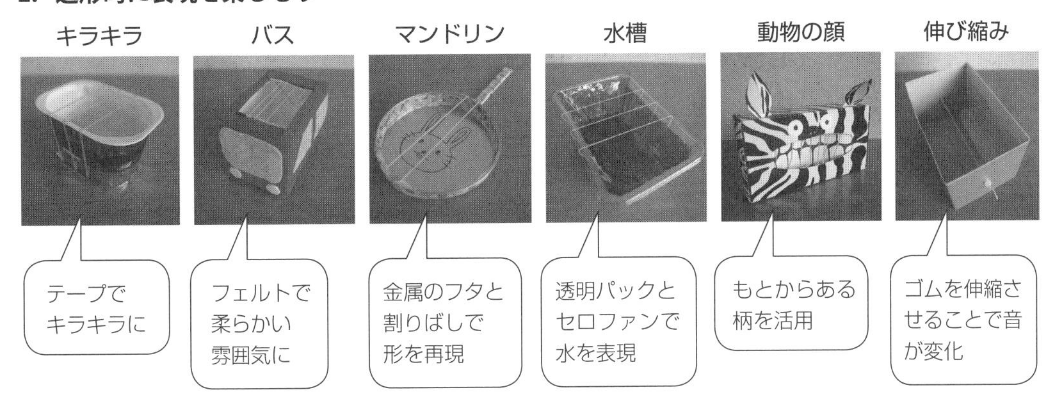

どれも廃材を基につくられ，さまざまな工夫をすることで，より楽しげな雰囲気を出すことができている。ヨーグルトケースにキラキラのテープを巻くだけで華やかになり，フェルトは柔らかい雰囲気が感じられる。金属のふたに割りばしをつけることで，ギターやマンドリンを模している。透明のパックとカラーセロファンで水の中に魚が泳ぐ様子が表現されており，動物の顔はティッシュケースのもとからある柄を上手に生かしてある。右端の作品はカラフルな箱を利用するだけでなく，ゴムの特性を生かして音を変化させるというアイディアが素晴らしい。

廃材を利用することを消極的に捉えるのではなく，その材料が持つ形や色などの特徴をつかむことで，さまざまなアイディアが広がる。それぞれが一点ものだと思って使えば，廃材もとても大切な造形の材料となる。

3. 歌を歌いながら楽器をならそう

《山の音楽家》（水田詩仙作詞，ドイツ民謡）
《はたらくくるま》（伊藤アキラ作詞，越部信義作曲）
《うさぎのダンス》（野口雨情作詞，中山晋平作曲）
《めだかの学校》（茶木 滋作詞，中田喜直作曲）　等

4. 音が出る原理はどうなっているの？

音が出る原理は，ギターやマンドリン，三味線や箏と同じで，弦が振動することで音が出る。ギター・マンドリン・三味線・箏は爪やバチ等で弦を弾き，ヴァイオリンやチェロは弓で弦をこすっている。また，見た目ではわかりにくいが，ピアノも弦が鳴っている楽器である。鍵盤と連動しているハンマーが弦をたたいて，音が出る。

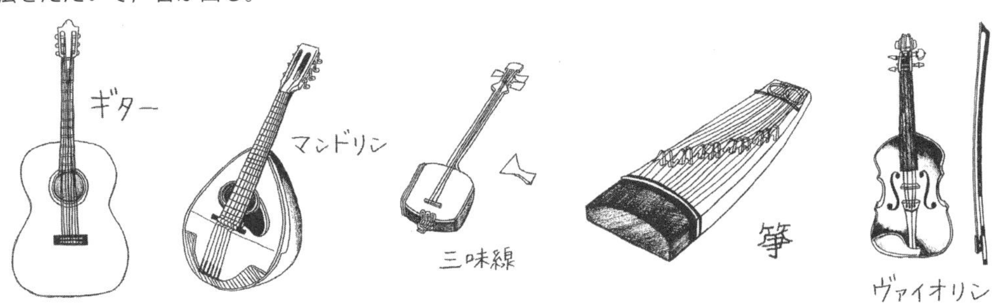

おわりに

本書は2017（平成29）年に改訂（定）告示され，2018（平成30）年に施行された「保育所保育指針」「幼稚園教育要領」「幼保連携型認定こども園教育・保育要領」と，同年に改訂された「指定保育士養成施設の指定及び運営に関する基準」，そして幼稚園教諭養成のための教職課程における大きな枠組みの変更（「教科」から「領域に関する専門的事項」へ）という，保育・幼児教育に関わるさまざまな変化を機に，これから保育・幼児教育を学ぼうとする学生と，保育現場でその変化に直面する現職保育者のために，保育者養成校の教員によって編まれたものである。

学生や現職保育者にとっては，これらの制度上，法令上の変化は決してわかりやすいものではなく，現実の子どもの姿を通してイメージすることで初めて実践に応用可能なものである。ゆえに保育・幼児教育においては，実践の場で得られた経験値と，研究によって得られた理論的な知見をいかに接続していくか，ということは常に大きな課題としてそこにある。そして本書の各章執筆者は，日々の保育者養成という仕事の中で，この課題と向き合い，子どもの理解と子どもの育ちに根差した理論と実践の融合という課題を解決しようと奮闘している。その成果のひとつとしての本書が，保育を学び探求していこうとする人々のお役に立つことがあるならば，執筆者一同これ以上嬉しいことはない。

本書の刊行にあたっては，まず多忙な中，編者の無理な要求にこたえていただいた執筆者の先生方に感謝申し上げたい。また写真や作品等の掲載に快く応じてくださった方々にも，お礼を申し上げたい。そしてこの複雑に入り組んだ個々の執筆者の思いと編者の要求に粘り強く応えていただいた学文社の落合絵理氏には，格別のお礼を申し上げたい。

未来を担う子どもたちの毎日が，笑顔と笑い声にあふれていますように，という願いを込めて，本書を保育の現場と，保育者養成の現場に届けたい。

2018年9月

編者　柴田　賢一
森　みゆき

資料

保育所保育指針（抄）

2017（平成29）年3月31日（告示）

第1章　総則

1 保育所保育に関する基本原則

⑴ 保育所の役割

ア　保育所は，児童福祉法（昭和22年法律第164号）第39条の規定に基づき，保育を必要とする子どもの保育を行い，その健全な心身の発達を図ることを目的とする児童福祉施設であり，入所する子どもの最善の利益を考慮し，その福祉を積極的に増進することに最もふさわしい生活の場でなければならない。

イ　保育所は，その目的を達成するために，保育に関する専門性を有する職員が，家庭との緊密な連携の下に，子どもの状況や発達過程を踏まえ，保育所における環境を通して，養護及び教育を一体的に行うことを特性としている。

（以下略）

⑵ 保育の目標

ア　保育所は，子どもが生涯にわたる人間形成にとって極めて重要な時期に，その生活時間の大半を過ごす場である。このため，保育所の保育は，子どもが現在を最も良く生き，望ましい未来をつくり出す力の基礎を培うために，次の目標を目指して行わなければならない。

㈠ 十分に養護の行き届いた環境の下に，くつろいだ雰囲気の中で子どもの様々な欲求を満たし，生命の保持及び情緒の安定を図ること。

㈡ 健康，安全など生活に必要な基本的な習慣や態度を養い，心身の健康の基礎を培うこと。

㈢ 人との関わりの中で，人に対する愛情と信頼感，そして人権を大切にする心を育てるとともに，自主，自立及び協調の態度を養い，道徳性の芽生えを培うこと。

㈣ 生命，自然及び社会の事象についての興味や関心を育て，それらに対する豊かな心情や思考力の芽生えを培うこと。

㈤ 生活の中で，言葉への興味や関心を育て，話したり，聞いたり，相手の話を理解しようとするなど，言葉の豊かさを養うこと。

㈥ 様々な体験を通して，豊かな感性や表現力を育み，創造性の芽生えを培うこと。

イ　保育所は，入所する子どもの保護者に対し，その意向を受け止め，子どもと保護者の安定した関係に配慮し，保育所の特性や保育士等の専門性を生かして，その援助に当たらなければならない。

（以下略）

3 保育の計画及び評価

⑴ 全体的な計画の作成

ア　保育所は，1の⑵に示した保育の目標を達成するために，各保育所の保育の方針や目標に基づき，子どもの発達過程を踏まえて，保育の内容が組織的・計画的に構成され，保育所の生活の全体を通して，総合的に展開されるよう，全体的な計画を作成しなければならない。

イ　全体的な計画は，子どもや家庭の状況，地域の実態，保育時間などを考慮し，子どもの育ちに関する長期的見通しをもって適切に作成されなければならない。

ウ　全体的な計画は，保育所保育の全体像を包括的に示すものとし，これに基づく指導計画，保健計画，食育計画等を通じて，各保育所が創意工夫して保育できるよう，作成されなければならない。

（以下略）

4 幼児教育を行う施設として共有すべき事項

⑴ 育みたい資質・能力

ア　保育所においては，生涯にわたる生きる力の基礎を培うため，1の⑵に示す保育の目標を踏まえ，次に掲げる資質・能力を一体的に育むよう努めるものとする。

㈠ 豊かな体験を通じて，感じたり，気付いたり，分かったり，できるようになったりする「知識及び技能の基礎」

㈡ 気付いたことや，できるようになったことなどを使い，考えたり，試したり，工夫したり，表現したりする「思考力，判断力，表現力等の基礎」

㈢ 心情，意欲，態度が育つ中で，よりよい生活を営もうとする「学びに向かう力，人間性等」

イ　アに示す資質・能力は，第2章に示すねらい及び内容に基づく保育活動全体によって育むものである。

⑵ 幼児期の終わりまでに育ってほしい姿

次に示す「幼児期の終わりまでに育ってほしい姿」は，第2章に示すねらい及び内容に基づく保育活動全体を通して資質・能力が育まれている子どもの小学校就学時の具体的な姿であり，保育士等が指導を行う際に考慮するものである。

ア　健康な心と体

保育所の生活の中で，充実感をもって自分のやりたいことに向かって心と体を十分に働かせ，見通しをもって行動し，自ら健康で安全な生活をつくり出すようになる。

イ　自立心

身近な環境に主体的に関わり様々な活動を楽しむ中で，しなければならないことを自覚し，自分の力で行うために考えたり，工夫したりしながら，諦めずにやり遂げることで達成感を味わい，自信をもって行動するようになる。

ウ　協同性

友達と関わる中で，互いの思いや考えなどを共有し，共通の目的の実現に向けて，考えたり，工夫したり，協力したりし，充実感をもってやり遂げるようになる。

エ　道徳性・規範意識の芽生え

友達と様々な体験を重ねる中で，してよいことや悪いことが分かり，自分の行動を振り返ったり，友達の気持ちに共感したりし，相手の立場に立って行動するようになる。また，きまりを守る必要性が分かり，自分の気持ちを調整し，友達と折り合いを付けながら，きまりをつくったり，守ったりするようになる。

オ　社会生活との関わり

家族を大切にしようとする気持ちをもつとともに，地域の身近な人と触れ合う中で，人との様々な関わり方に気付き，相手の気持ちを考えて関わり，自分が役に立つ喜びを感じ，地域に親しみをもつようになる。また，保育所内外の様々な環境に関わる中で，遊びや生活に必要な情報を取り入れ，情報に基づき判断したり，情報を伝え合ったり，活用したりするなど，情報を役立てながら活動するようになるとともに，公共の施設を大切に利用するなどして，社会とのつながりなどを意識するようになる。

カ　思考力の芽生え

身近な事象に積極的に関わる中で，物の性質や仕組みなどを感じ取ったり，気付いたりし，考えたり，予想したり，工夫したりするなど，多様な関わりを楽しむようになる。また，友達の様々な考えに触れる中で，自分と異なる考えがあることに気付き，自ら判断したり，考え直したりするなど，新しい考えを生み出す喜びを味わいながら，自分の考えをよりよいものにするようになる。

キ　自然との関わり・生命尊重

自然に触れて感動する体験を通して，自然の変化などを感じ取り，好奇心や探究心をもって考え言葉などで表現しながら，身近な事象への関心が高まるとともに，自然への愛情や畏敬の念をもつようになる。また，身近な動植物に心を動かされる中で，生命の不思議さや尊さに気き，身近な動植物への接し方を考え，命あるものとしていたわり，大切にする気持ちをもって関わるようになる。

ク　数量や図形，標識や文字などへの関心・感覚

遊びや生活の中で，数量や図形，標識や文字などに親しむ体験を重ねたり，標識や文字の役割に気付いたりし，自らの必要感に基づきこれらを活用し，興味や関心，感覚をもつようになる。

ケ　言葉による伝え合い

保育士等や友達と心を通わせる中で，絵本や物語などに親しみながら，豊かな言葉や表現を身に付け，経験したことや考えたことなどを言葉で伝えたり，相手の話を注意して聞いたりし，言葉による伝え合いを楽しむようになる。

コ　豊かな感性と表現

心を動かす出来事などに触れ感性を働かせる中で，様々な素材の特徴や表現の仕方などに気付き，感じたことや考えたことを自分で表現したり，友達同士で表現する過程を楽しんだりし，表現する喜びを味わい，意欲をもつようになる。

第2章　保育の内容

1　乳児保育に関わるねらい及び内容

⑴ 基本的事項　（略）

⑵ ねらい及び内容

ア　健やかに伸び伸びと育つ

健康な心と体を育て，自ら健康で安全な生活をつくり出す力の基盤を培う。

㋐ ねらい

① 身体感覚が育ち，快適な環境に心地よさを感じる。
② 伸び伸びと体を動かし，はう，歩くなどの運動をしようとする。
③ 食事，睡眠等の生活のリズムの感覚が芽生える。

㋑ 内容

① 保育士等の愛情豊かな受容の下で，生理的・心理的欲求を満たし，心地よく生活をする。
② 一人一人の発育に応じて，はう，立つ，歩くなど，十分に体を動かす。
③ 個人差に応じて授乳を行い，離乳を進めていく中で，様々な食品に少しずつ慣れ，食べることを楽しむ。
④ 一人一人の生活のリズムに応じて，安全な環境の下で十分に午睡をする。
⑤ おむつ交換や衣服の着脱などを通じて，清潔になることの心地よさを感じる。

㋒ 内容の取扱い　（略）

イ　身近な人と気持ちが通じ合う

受容的・応答的な関わりの下で，何かを伝えようとする意欲や身近な大人との信頼関係を育て，人と関わる力の基盤を培う。

㋐ ねらい

① 安心できる関係の下で，身近な人と共に過ごす喜びを感じる。
② 体の動きや表情，発声等により，保育士等と気持ちを通わせようとする。
③ 身近な人と親しみ，関わりを深め，愛情や信頼感が芽生える。

㋑ 内容

① 子どもからの働きかけを踏まえた，応答的な触れ合いや言葉がけによって，欲求が満たされ，安定感をもって過ごす。
② 体の動きや表情，発声，喃語等を優しく受け止めてもらい，保育士等とのやり取りを楽しむ。
③ 生活や遊びの中で，自分の身近な人の存在に気付き，親しみの気持ちを表す。
④ 保育士等による語りかけや歌いかけ，発声や喃語等への応答を通じて，言葉の理解や発語の意欲が育つ。
⑤ 温かく，受容的な関わりを通じて，自分を肯定する気持ちが芽生える。

㋒ 内容の取扱い　（略）

ウ　身近なものと関わり感性が育つ

身近な環境に興味や好奇心をもって関わり，感じた

ことや考えたことを表現する力の基盤を培う。

(ア) ねらい

① 身の回りのものに親しみ，様々なものに興味や関心をもつ。

② 見る，触れる，探索するなど，身近な環境に自分から関わろうとする。

③ 身体の諸感覚による認識が豊かになり，表情や手足，体の動き等で表現する。

(イ) 内容

① 身近な生活用具，玩具や絵本などが用意された中で，身の回りのものに対する興味や好奇心をもつ。

② 生活や遊びの中で様々なものに触れ，音，形，色，手触りなどに気付き，感覚の働きを豊かにする。

③ 保育士等と一緒に様々な色彩や形のものや絵本などを見る。

④ 玩具や身の回りのものを，つまむ，つかむ，たたく，引っ張るなど，手や指を使って遊ぶ。

⑤ 保育士等のあやし遊びに機嫌よく応じたり，歌やリズムに合わせて手足や体を動かして楽しんだりする。

(ウ) 内容の取扱い　(略)

2　1歳以上3歳未満児の保育に関わるねらい及び内容

(1) 基本的事項　(略)

(2) ねらい及び内容

ア　健康

健康な心と体を育て，自ら健康で安全な生活をつくり出す力を養う。

(ア) ねらい

① 明るく伸び伸びと生活し，自分から体を動かすことを楽しむ。

② 自分の体を十分に動かし，様々な動きをしようとする。

③ 健康，安全な生活に必要な習慣に気付き，自分でしてみようとする気持ちが育つ。

(イ) 内容

① 保育士等の愛情豊かな受容の下で，安定感をもって生活をする。

② 食事や午睡，遊びと休息など，保育所における生活のリズムが形成される。

③ 走る，跳ぶ，登る，押す，引っ張るなど全身を使う遊びを楽しむ。

④ 様々な食品や調理形態に慣れ，ゆったりとした雰囲気の中で食事や間食を楽しむ。

⑤ 身の回りを清潔に保つ心地よさを感じ，その習慣が少しずつ身に付く。

⑥ 保育士等の助けを借りながら，衣類の着脱を自分でしようとする。

⑦ 便器での排泄に慣れ，自分で排泄ができるようになる。

(ウ) 内容の取扱い　(略)

イ　人間関係

他の人々と親しみ，支え合って生活するために，自立心を育て，人と関わる力を養う。

(ア) ねらい

① 保育所での生活を楽しみ，身近な人と関わる心地よさを感じる。

② 周囲の子ども等への興味や関心が高まり，関わりをもとうとする。

③ 保育所の生活の仕方に慣れ，きまりの大切さに気付く。

(イ) 内容

① 保育士等や周囲の子ども等との安定した関係の中で，共に過ごす心地よさを感じる。

② 保育士等の受容的・応答的な関わりの中で，欲求を適切に満たし，安定感をもって過ごす。

③ 身の回りに様々な人がいることに気付き，徐々に他の子どもと関わりをもって遊ぶ。

④ 保育士等の仲立ちにより，他の子どもとの関わり方を少しずつ身につける。

⑤ 保育所の生活の仕方に慣れ，きまりがあることや，その大切さに気付く。

⑥ 生活や遊びの中で，年長児や保育士等の真似をしたり，ごっこ遊びを楽しんだりする。

(ウ) 内容の取扱い　(略)

ウ　環境

周囲の様々な環境に好奇心や探究心をもって関わり，それらを生活に取り入れていこうとする力を養う。

(ア) ねらい

① 身近な環境に親しみ，触れ合う中で，様々なものに興味や関心をもつ。

② 様々なものに関わる中で，発見を楽しんだり，考えたりしようとする。

③ 見る，聞く，触るなどの経験を通して，感覚の働きを豊かにする。

(イ) 内容

① 安全で活動しやすい環境での探索活動等を通して，見る，聞く，触れる，嗅ぐ，味わうなどの感覚の働きを豊かにする。

② 玩具，絵本，遊具などに興味をもち，それらを使った遊びを楽しむ。

③ 身の回りの物に触れる中で，形，色，大きさ，量などの物の性質や仕組みに気付く。

④ 自分の物と人の物の区別や，場所的感覚など，環境を捉える感覚が育つ。

⑤ 身近な生き物に気付き，親しみをもつ。

⑥ 近隣の生活や季節の行事などに興味や関心をもつ。

(ウ) 内容の取扱い　(略)

エ　言葉

経験したことや考えたことなどを自分なりの言葉で表現し，相手の話す言葉を聞こうとする意欲や態度を育て，言葉に対する感覚や言葉で表現する力を養う。

(ア) ねらい
① 言葉遊びや言葉で表現する楽しさを感じる。
② 人の言葉や話などを聞き，自分でも思ったことを伝えようとする。
③ 絵本や物語等に親しむとともに，言葉のやり取りを通じて身近な人と気持ちを通わせる。
(イ) 内容
① 保育士等の応答的な関わりや話しかけにより，自ら言葉を使おうとする。
② 生活に必要な簡単な言葉に気付き，聞き分ける。
③ 親しみをもって日常の挨拶に応じる。
④ 絵本や紙芝居を楽しみ，簡単な言葉を繰り返したり，模倣をしたりして遊ぶ。
⑤ 保育士等とごっこ遊びをする中で，言葉のやり取りを楽しむ。
⑥ 保育士等を仲立ちとして，生活や遊びの中で友達との言葉のやり取りを楽しむ。
⑦ 保育士等や友達の言葉や話に興味や関心をもって，聞いたり，話したりする。
(ウ) 内容の取扱い （略）
オ　表現
感じたことや考えたことを自分なりに表現することを通して，豊かな感性や表現する力を養い，創造性を豊かにする。
(ア) ねらい
① 身体の諸感覚の経験を豊かにし，様々な感覚を味わう。
② 感じたことや考えたことなどを自分なりに表現しようとする。
③ 生活や遊びの様々な体験を通して，イメージや感性が豊かになる。
(イ) 内容
① 水，砂，土，紙，粘土など様々な素材に触れて楽しむ。
② 音楽，リズムやそれに合わせた体の動きを楽しむ。
③ 生活の中で様々な音，形，色，手触り，動き，味，香りなどに気付いたり，感じたりして楽しむ。
④ 歌を歌ったり，簡単な手遊びや全身を使う遊びを楽しんだりする。
⑤ 保育士等からの話や，生活や遊びの中での出来事を通して，イメージを豊かにする。
⑥ 生活や遊びの中で，興味のあることや経験したことなどを自分なりに表現する。
(ウ) 内容の取扱い （略）

3　3歳以上児の保育に関するねらい及び内容

(1) 基本的事項 （略）
(2) ねらい及び内容
ア　健康
健康な心と体を育て，自ら健康で安全な生活をつくり出す力を養う。
(ア) ねらい
① 明るく伸び伸びと行動し，充実感を味わう。
② 自分の体を十分に動かし，進んで運動しようとする。
③ 健康，安全な生活に必要な習慣や態度を身に付け，見通しをもって行動する。
(イ) 内容
① 保育士等や友達と触れ合い，安定感をもって行動する。
② いろいろな遊びの中で十分に体を動かす。
③ 進んで戸外で遊ぶ。
④ 様々な活動に親しみ，楽しんで取り組む。
⑤ 保育士等や友達と食べることを楽しみ，食べ物への興味や関心をもつ。
⑥ 健康な生活のリズムを身に付ける。
⑦ 身の回りを清潔にし，衣服の着脱，食事，排泄などの生活に必要な活動を自分でする。
⑧ 保育所における生活の仕方を知り，自分たちで生活の場を整えながら見通しをもって行動する。
⑨ 自分の健康に関心をもち，病気の予防などに必要な活動を進んで行う。
⑩ 危険な場所，危険な遊び方，災害時などの行動の仕方が分かり，安全に気を付けて行動する。
(ウ) 内容の取扱い （略）
イ　人間関係
他の人々と親しみ，支え合って生活するために，自立心を育て，人と関わる力を養う。
(ア) ねらい
① 保育所の生活を楽しみ，自分の力で行動することの充実感を味わう。
② 身近な人と親しみ，関わりを深め，工夫したり，協力したりして一緒に活動する楽しさを味わい，愛情や信頼感をもつ。
③ 社会生活における望ましい習慣や態度を身に付ける。
(イ) 内容
① 保育士等や友達と共に過ごすことの喜びを味わう。
② 自分で考え，自分で行動する。
③ 自分でできることは自分でする。
④ いろいろな遊びを楽しみながら物事をやり遂げようとする気持ちをもつ。
⑤ 友達と積極的に関わりながら喜びや悲しみを共感し合う。
⑥ 自分の思ったことを相手に伝え，相手の思っていることに気付く。
⑦ 友達のよさに気付き，一緒に活動する楽しさを味わう。
⑧ 友達と楽しく活動する中で，共通の目的を見いだし，工夫したり，協力したりなどする。
⑨ よいことや悪いことがあることに気付き，考えな

がら行動する。
⑩ 友達との関わりを深め，思いやりをもつ。
⑪ 友達と楽しく生活する中できまりの大切さに気付き，守ろうとする。
⑫ 共同の遊具や用具を大切にし，皆で使う。
⑬ 高齢者をはじめ地域の人々などの自分の生活に関係の深いいろいろな人に親しみをもつ。
(ウ) 内容の取扱い （略）

ウ　環境

周囲の様々な環境に好奇心や探究心をもって関わり，それらを生活に取り入れていこうとする力を養う。

(ア) ねらい
① 身近な環境に親しみ，自然と触れ合う中で様々な事象に興味や関心をもつ。
② 身近な環境に自分から関わり，発見を楽しんだり，考えたりし，それを生活に取り入れようとする。
③ 身近な事象を見たり，考えたり，扱ったりする中で，物の性質や数量，文字などに対する感覚を豊かにする。

(イ) 内容
① 自然に触れて生活し，その大きさ，美しさ，不思議さなどに気付く。
② 生活の中で，様々な物に触れ，その性質や仕組みに興味や関心をもつ。
③ 季節により自然や人間の生活に変化のあることに気付く。
④ 自然などの身近な事象に関心をもち，取り入れて遊ぶ。
⑤ 身近な動植物に親しみをもって接し，生命の尊さに気付き，いたわったり，大切にしたりする。
⑥ 日常生活の中で，我が国や地域社会における様々な文化や伝統に親しむ。
⑦ 身近な物を大切にする。
⑧ 身近な物や遊具に興味をもって関わり，自分なりに比べたり，関連付けたりしながら考えたり，試したりして工夫して遊ぶ。
⑨ 日常生活の中で数量や図形などに関心をもつ。
⑩ 日常生活の中で簡単な標識や文字などに関心をもつ。
⑪ 生活に関係の深い情報や施設などに興味や関心をもつ。
⑫ 保育所内外の行事において国旗に親しむ。
(ウ) 内容の取扱い （略）

エ　言葉

経験したことや考えたことなどを自分なりの言葉で表現し，相手の話す言葉を聞こうとする意欲や態度を育て，言葉に対する感覚や言葉で表現する力を養う。

(ア) ねらい
① 自分の気持ちを言葉で表現する楽しさを味わう。
② 人の言葉や話などをよく聞き，自分の経験したことや考えたことを話し，伝え合う喜びを味わう。
③ 日常生活に必要な言葉が分かるようになるとともに，絵本や物語などに親しみ，言葉に対する感覚を豊かにし，保育士等や友達と心を通わせる。

(イ) 内容
① 保育士等や友達の言葉や話に興味や関心をもち，親しみをもって聞いたり，話したりする。
② したり，見たり，聞いたり，感じたり，考えたりなどしたことを自分なりに言葉で表現する。
③ したいこと，してほしいことを言葉で表現したり，分からないことを尋ねたりする。
④ 人の話を注意して聞き，相手に分かるように話す。
⑤ 生活の中で必要な言葉が分かり，使う。
⑥ 親しみをもって日常の挨拶をする。
⑦ 生活の中で言葉の楽しさや美しさに気付く。
⑧ いろいろな体験を通じてイメージや言葉を豊かにする。
⑨ 絵本や物語などに親しみ，興味をもって聞き，想像をする楽しさを味わう。
⑩ 日常生活の中で，文字などで伝える楽しさを味わう。
(ウ) 内容の取扱い （略）

オ　表現

感じたことや考えたことを自分なりに表現することを通して，豊かな感性や表現する力を養い，創造性を豊かにする。

(ア) ねらい
① いろいろなものの美しさなどに対する豊かな感性をもつ。
② 感じたことや考えたことを自分なりに表現して楽しむ。
③ 生活の中でイメージを豊かにし，様々な表現を楽しむ。

(イ) 内容
① 生活の中で様々な音，形，色，手触り，動きなどに気付いたり，感じたりするなどして楽しむ。
② 生活の中で美しいものや心を動かす出来事に触れ，イメージを豊かにする。
③ 様々な出来事の中で，感動したことを伝え合う楽しさを味わう。
④ 感じたこと，考えたことなどを音や動きなどで表現したり，自由にかいたり，つくったりなどする。
⑤ いろいろな素材に親しみ，工夫して遊ぶ。
⑥ 音楽に親しみ，歌を歌ったり，簡単なリズム楽器を使ったりなどする楽しさを味わう。
⑦ かいたり，つくったりすることを楽しみ，遊びに使ったり，飾ったりなどする。
⑧ 自分のイメージを動きや言葉などで表現したり，演じて遊んだりするなどの楽しさを味わう。
(ウ) 内容の取扱い （略）

（以下省略）

索　引

執筆者一覧

（執筆順）

柴田　賢一（しばた　けんいち）　編者〔第1章，はじめに，おわりに〕
常葉大学保育学部教授，博士（学術），主な担当科目：教育学，教育原理，教育実習指導など

佐藤　亮平（さとう　りょうへい）〔第2章〕
宮城教育大学教育学部准教授，博士（教育学），主な担当科目：保健体育教育法，保健体育科実践法など

増淵　千保美（ますぶち　ちほみ）〔コラム1〕
尚絅大学短期大学部教授，博士（社会学），主な担当科目：社会的養護，子ども家庭支援論など

小川内　哲生（おがわうち　てつお）〔第3章〕
神戸親和大学教育学部教授，博士（学校教育学），主な担当科目：教育心理学，教育心理学特論など

片桐　真弓（かたぎり　まゆみ）〔第4章〕
尚絅大学短期大学部准教授，修士（教育学），主な担当科目：保育原理，教育課程論，保育内容―人間関係など

二子石　諒太（ふたごいし　りょうた）〔第5章〕
熊本学園大学社会福祉学部講師，修士（教育学），主な担当科目：保育内容―環境，教育実習指導など

竹下　徹（たけした　とおる）〔コラム2〕
周南公立大学人間健康科学部准教授，博士（社会福祉学），主な担当科目：児童家庭福祉，保健士特別セミナーなど

安村　由希子（やすむら　ゆきこ）〔第6章，コラム3〕
尚絅大学こども教育学部准教授，博士（保健医療学），主な担当科目：保育内容―言葉，言葉の指導法など

坂本　健（さかもと　けん）〔第7章，コラム5〕
尚絅大学短期大学部教授，修士（教育学・芸術学），主な担当科目：造形の指導法など

横山　博之（よこやま　ひろゆき）〔第8章，カバー・表紙デザイン〕
尚絅大学短期大学部教授を経て，熊本学園大学社会福祉学部非常勤講師，修士（教育学），
主な担当科目：幼児と表現（造形）

曽田　裕司（そた　ゆうじ）〔第9章〕
花園大学社会福祉学部教授，Ph.D.　主な担当科目：幼児と表現など

森　みゆき（もり　みゆき）　編者〔第10章，コラム345〕
尚絅大学こども教育学部准教授，修士（文学），主な担当科目：音楽の指導法，保育内容―音楽表現など

市川　文子（いちかわ　ふみこ）〔コラム3〕
尚絅大学短期大学部准教授，修士（英語英文学），主な担当科目：英語Ⅰ，英語Ⅱなど

栗川　直子（くりかわ　なおこ）〔事項索引〕
大阪樟蔭女子大学児童教育学部准教授，博士（文学），主な担当科目：幼児理解，幼児と人間関係，保育原理など

各章イラスト

古田　海南子（ふるた　かなこ）　尚絅大学短期大学部実習助手

各領域イラスト

永杉　まどか（ながすぎ　まどか）　尚絅大学短期大学部実習助手

保育・幼児教育　5領域の内容と指導法

2018年11月20日　第1版第1刷発行
2024年9月20日　第1版第3刷発行

編著者　柴田　賢一
森　みゆき

発行者　田中　千津子
発行所　株式会社　学文社
〒153-0064　東京都目黒区下目黒3-6-1
電話　03（3715）1501㈹
FAX　03（3715）2012
https://www.gakubunsha.com

印刷　新灯印刷

ISBN 978-4-7620-2833-5